요한 볼프강 폰 괴테

― 그의 문학은 체험을 딛고서 ―

김 정 호 저

건국대학교 출판부

그의 문학은 체험을 딛고서
요한 볼프강 폰 괴테

세계 작가 탐구(외국편) [018]

찍 은 날	2003년 1월 10일 초판 찍음
펴 낸 날	2003년 1월 15일 초판 펴냄
지 은 이	김 정 호
펴 낸 이	정 길 생
펴 낸 곳	건국대학교출판부
	주　　소: 143-701, 서울시 광진구 화양동 1번지
	전　　화: 도서주문 (02) 450-3893/FAX (02) 457-7202
	편 집 실 (02) 450-3891~2
	홈페이지: www.konkuk.ac.kr/~press
	전자우편: press@www.konkuk.ac.kr
	등　　록: 제 4-3 호(1971. 6. 21)
책임편집	박 명 희
찍 은 곳	신일기획문화주식회사

값 6,000원

ⓒ 김정호, 2003

＊잘못 만들어진 책은 바꾸어 드립니다.
＊저자와의 협의하에 인지 첨부를 생략합니다.

ISBN　89-7107-328-4　04800
ISBN　89-7107-232-6 (세트)

요한 볼프강 폰 괴테(Johann Wolfgang von Goethe, 1749~1832)
(바이에른의 루드비히 I세의 부탁으로 요세프 슈틸러(1781~1851)가
그린 1828년 여름의 괴테의 초상화)

"영원한 여성은 우리를 상승시킨다."

―괴테―

저자의 말

　요한 볼프강 폰 괴테(Johann Wolfgang von Goethe, 1749~1832)는 시인이자 작가이다. 그는 진실하고 엄한 생활태도를 지닌 북부 독일 출신의 아버지와 예술을 사랑하는 남부 독일 출신의 어머니 사이에 비교적 유복한 가정에서 태어났다. 천부적인 재능을 한 몸에 타고났으면서도 부지런하고 모든 일에 깊은 관심을 갖고 정진하는 인내와 끈기가 있다. 문학은 물론 법학, 신학, 수학, 역사, 지리 등을 비롯한 학문과 인형극장 등 예술분야에 이르기까지 폭넓은 지식은 그의 관대한 인간성과 조화를 이룬다. 약관 25세에 『젊은 베르테르의 슬픔』(*Die Leiden des jungen Werthers*, 1774)을 발표하면서 일약 유명해졌고 작가로서 문단에 확고한 위치를 차지했다.
　'폭풍과 노도기'(Sturm und Drang)의 문학운동을 이끌면서 독문학계의 새로운 전기를 만든 바 있는 괴테는 칼 아우구스트공을 도와 정치에도 발을 들여놓아 자연과 내심의 투쟁을 거쳐 실러와 함께 바이마르(Weimar) 시대의 찬연한 문학 및 문화의 황금시대를 이루었고 프랑스를 비롯한 유럽 각국에 뒤졌던 독문학을 세계수준으로 끌어올린 것은 바로 그의 큰 업적이자 자신의 세계문호로의 승화이기도 하다.

이탈리아 여행 이후 남유럽 미술의 조화와 균형은 그의 문학에 큰 영향을 끼쳐 작가로서 더욱 성숙해져 독일 고전주의 시대의 황금기를 일으켰다. 만년에 그는 낭만주의(Romantik)를 병적인 것이라고 규정하고 낭만주의 작가들과의 사이에는 종교적인 이유 등으로 거리가 있었다.

가장 고전적인 작품이라고 할 수 있는 작품 『이피게니에 아우프 타우리스』(Iphigenie auf Tauris, 1786)에서 오레스트(Orest)의 광포한 심성은 '폭풍과 노도기'의 특징을 닮았지만 그의 생각은 낭만적이고 누이 이피게니에는 인도주의 정신이 깃들어 있다. 이와 같이 괴테 같은 대문호는 한 곳에 머물지 않고 여러 문학 시기를 뛰어넘어 활동한 것이다.

괴테는 일평생 집필한 작품 『파우스트』(Faust Ⅰ, Ⅱ부), 『베르테르』(Werther, 1774), 『헤르만과 도로테아』(Hermann und Dorothea, 1797), 『친화력』(Wahlverwandtschaften, 1809), 『빌헬름 마이스터』 (Wilhelmmeister, 1795) 등 수많은 대작을 남겼다. 그는 많은 여인의 도움으로 발전 승화했으며 그 중 『파우스트』의 그레트헨(Gretchen)이 구원받는 장면은 괴테 문학의 백미라고 하겠다.

다음 시는 필자가 체험의 작가 괴테의 생활이 그의 문학이고 그 결정체인 불후의 명작을 형성한 점을 그린 것이다.

괴테는 롯데에 대한 정을 못 이겨
『젊은 베르테르의 슬픔』으로 괴로워하고
세센하임의 목사 따님 프리데리케 브리온을 상심시키더니
『파우스트』에서 구원받고
7년 연상의 슈타인 부인에 대한 열렬한 사랑으로
「나그네의 밤 노래」를 읊고
릴리와의 약혼은
결혼으로 승화하지 못하고 「산상에서」 머무르고
바이마르 공원을 산책하다 오빠의 작품을 추천해 달라는
그 정성에 탄복해서 크리스티아네와 백년해로라고
서점 주인의 딸 민나
그녀에 대한 열혈이 『친화력』에서 당기니
마리엔바트의 온천장에서 19세 소녀 울리케에게 바친 정열
그녀 모친의 정중한 거절로 74세 노인 애절함을 『비가』로 남기니
도덕주의자들은 그를 못마땅해 하지만
게르만 문학의 거장으로 태어남에는
어쩔 수 없지 않냐는 괴테 예찬론자
필자의 내세우는 지론.

  이상은 필자의 괴테에 대한 간략한 생각을 적어 본 것이다. 괴테가 에커만과의 대화에서 체험이 아닌 것은 한 줄도 쓸 수 없었다고 한 점은 바로 그의 문학을 요점 정리한 것이다. 그래서 필자는 괴테 예찬론의 입장에서 그의 체험과 창작, 이 한마디로 그의 작가로서 일생을 정리할 수 있다. 괴테 자신이 단순한 작가라기보다는 하나의 게르만 문화 그 자체라고 할 수 있을 만큼 포용성이 있고 인생과 자연을 두루 섭렵하면서 이를 놓치지 않고 기록으로 남김으로써 웅장한 괴테 문학을 이룬 것

이다.

  그는 수많은 군소 작가에 우뚝 솟은 최고봉이고 오늘도 수많은 예찬론자들이 오르기를 시도하는 것이다. 필경 그는 게르만 문학을 상승시켰고, 스스로 세계 3대 문호가 된 큰 작가였다.

2002년 12월
저 자

차 례

■ 저자의 말 / 5

1. 괴테의 생애 ─── **13**

2. 체험과 창작 ─── **39**

3. 괴테의 문학 세계 ─── **79**

    (1) 괴테의 범신관 · 79
    (2) 순결한 사랑 · 89
    (3) 무한성 · 95
    (4) 고결한 정신 · 100
    (5) 절대성 · 107

4. 작품 내용 및 해설 ─── **119**

    (1) 『연인의 변덕』 · 119
    (2) 『공범』 · 120
    (3) 『괴쯔 폰 베를리힝겐』 · 122
    (4) 『젊은 베르테르의 슬픔』 · 128
    (5) 『클라비고』 · 131

　　　　　　　　(6) 『슈텔라』· 134
　　　　　　　　(7) 『자매』· 135
(8) 『이피게니에 아우프 타우리스』· 137
　　　　　　　　(9) 『에그몬트』· 141
　　　　　(10) 『토르콰토 타쏘』· 145
　　　　　　　(11) 『서출의 딸』· 149
　　　　(12) 『빌헬름 마이스터』· 151
　　　　(13) 『헤르만과 도로테아』· 156
　　　　　　　　(14) 『친화력』· 159
　　　　　　　(15) 『서동시집』· 163
　　　　　　　(16) 『파우스트』· 165

5. 문학적 평가 ——— 185

　　　(1) 체험의 문학을 이루고 · 185
　　　(2) 진지한 예술인으로 · 187
(3) 독일 문학 상승의 초석이 되어 · 190
　　(4) 세계 문학으로 발돋움하고서 · 191
　　　(5) 작가로서 인간 괴테 · 194

　　　　■ 연보 및 연구자료 / 199

요한 볼프강 폰 괴테

그의 문학은 체험을 딛고서

1

괴테의 생애

괴테는 자신의 자서전 『시와 진실』(*Dichtung und Wahrheit*, 1811~1831)의 맨 처음에서 다음과 같이 쓰고 있다.

"1749년 8월 28일, 정오를 알리는 종소리와 함께 나는 프랑크푸르트 암 마인(Frankfurt am Main)에서 이 세상에 태어났다."

아버지 요한 카스파 폰 괴테(Johann Kaspar von Goethe)와 어머니 엘리자베스 텍스토르(Elisabeth Textor)의 맏아들로 태어난 것이다. 괴테는 동생이 많았으나 다 중간에 죽고 그의 누이 동생 코르넬리아만 살아 남았다. 이미 괴테는 4세 때 할머니가 인형극 놀이를 하기 위해 집안에 무대를 마련해 주셨고, 괴테가 후일 대작 『파우스트』를 쓰게 된 것도 할머니의 영향이 컸다. 아버지는 법률을 공부하여 제국 추밀 고문관이란 직함을 갖고 있어 유복하고 배움이 있는 집안으로 그들 오누이에게 쏟는 아버지의 교육열은 대단했다. 젊은 어머니는 프랑크푸르트 시장의

괴테 생가(히르쉬그라벤, 1733년 당시)

딸로서 그녀의 쾌활한 인품은 집안의 분위기를 부드럽게 해주고 예술적인 재능이 있어 괴테가 물려받은 것이다.

괴테는 10세 때 이미 이솝 우화, 그리스 신화, 아라비안 나이트, 희랍어, 라틴어, 프랑스어, 영어, 이탈리아어도 배웠다. 물론 아들을 법률가로 만들기 위한 아버지의 뜻도 집요했다. 손아래 누이동생인 코르넬리아는 검소했고 오빠를 따랐다. 그러나 불행하게 일찍 죽어 괴테에게 큰 충격을 주었다.

당시 '7년 전쟁'이 일어났는데 프랑크푸르트는 프로이센 편이 되고 프랑스는 오스트리아 편이 되었다. 1759년 1월 프랑스군이 프랑크푸르트를 점령했다. 괴테의 집 아래층은 프랑스군 지휘관인 튜우랑크 백작이 사용했다. 그는 어린 괴테를 친자식같이 대해 주어서 아버지와는 달리 사이가 가까웠다. 백작은 예술을 사랑해서 화가들의 그림을 사 모았다.

고전 김나지움(프랑크푸르트 암 마인)

1754년경의 프랑크푸르트 암 마인 풍경

괴테는 백작 덕분에 익힌 프랑스어로 프랑스 연극을 자주 보았다. 이런 일로 해서 그는 극단의 내막도 잘 알게 되었다.

1763년 프랑스 군대가 철수할 즈음해서 그레트헨이란 연상의 아가씨와 사랑하게 된 사건이 있었다. 그러나 이 사랑은 그레트헨이 괴테를 어린애 취급했다는 자존심으로 인해 실패로 끝나고 만다.

괴테는 12세 때 외증조모에게 새해를 축하한 시를 다음과 같은 서언과 함께 써 보낸 일이 있다.

"이것은 당신이 받은 최초의 시, 내 시는 앞으로 계속 발전하리라."

그는 어려서 이미 시작에서도 훌륭한 출발을 한 것이다.

그는 학문이나 예술에만 열중한 것이 아니고 말 타는 일, 칼 쓰는 일 등을 몸에 익혀 갔다.

1765년 괴테는 16세가 되던 9월 아버지의 뜻에 따라 라이프치히(Leipzig) 대학으로 가기로 되었다. 이 대학에서 아버지는 한때 공부한 적이 있어 자식에게도 같은 대학에서 법률을 공부시켜 고급관리로 만들 결심을 했다.

괴테는 결국 부친의 뜻대로 그해 10월 라이프치히로 법학을 공부하기 위해서 정든 프랑크푸르트를 떠난다.

독일의 파리라고 하는 화려한 라이프치히는 당대의 상업과 예술이 번창한 곳으로, 상류 생활을 할 수 있었던 괴테는 그곳 유행에 젖어 있었다. 그러나 괴테는 라이프치히의 생활에 억압을 느꼈고 부친이 바라던 법률강의는 프랑크푸르트에서 배운 것의 반복에 불과했다. 그가 라이프치히에서 받은 실망을 그곳 뵈메(Böhme) 교수의 법률과 철학 강의에서도 느꼈다. 그 밖에도 논리학, 형이상학과 문학강의도 그의 욕구를 채워 주지는 못했다. 더구나 라이프치히를 중심으로 한 계몽주의는 괴테의 취향에 맞지 않았고 그의 작품을 본 교수들은 혹평을 서슴지 않아 고향에서 가지고 온 원고를 불태워 버렸다. 그러나 해부학과 식물학에 대한 관심을 키우게 되었고 조형예술어 대한 흥미를 가지게 되었다.

그러나 여관집 딸 케트헨 쇤코프(Käthchen Schönkopf)와 사랑하는 사이가 된 괴테는 질투의 감정을 불태우며 괴로워했다. 그러나 쇤코프와의 사랑의 열매로 『사랑하는 사람의 기분 맞추는 일』이란 극작품을 썼는데 이는 당시 유행하던 목양극으로 가장 평가를 받는 대표작으로 꼽히고 있다.

▶
안나 카타리나 (케트헨)
쇤코프(1746~1810)
동시대인의 축소화에 의한
A. 휘센너의 강판화

J. W. 괴테의 유화(1765년의 a. J. 케른 작)

라이프치히에서의 생활은 아버지의 뜻대로 법률공부에서는 성공한 편이 못 되었으나 문학과 연극을 연구하고 그림공부도 열심히 했다.

1768년 7월, 말에서 떨어져 찰과상을 입는 등 건강이 나빠진 19세의 괴테는 폐결핵으로 피를 토하고 쓰러져 병상에 눕게 되었다. 이 시절 병상을 찾아 병문안을 한 외가의 친척 스잔나 폰 클레텐베르크(Susanna von Klettenberg)는 신앙심 깊은 여인이었는데 그녀에게서 깊은 영향을 받았다.

그녀는 후에 괴테가 그의 작품『빌헬름 마이스터의 수업시대』(Wilhelm Meisters Lehrjahre, 1795) 속에 아름다운 영혼을 가진 여인으로 부각되고 있다. 클레텐베르크의 신앙심은 불안과 초조 가운데서 방황하던 괴테에게 큰 영향을 끼쳐서 괴테의 초기 작품을 위시해서 범신사상을 이루는 데 결정적인 공헌을 한다. 신이 인간과 풀 한 포기, 돌 하나에도 깃들어 있어 자연과 인간의 통일을 기초한 사상을 이루었다.

부친의 뜻이었던 라이프치히에서의 법률공부는 실패했지만

부친의 뜻을 거역할 수 없었던 괴테는 건강을 회복하고서 결국 부친의 뜻을 따라 다시 슈트라스부르크(Strassburg)로 법률공부를 하러 떠난다.

1770년 4월 슈트라스부르크에 도착한 괴테는 고딕식 교회건축물에 그만 정신을 잃고 만다. 괴테는 자연이고 건축물이고 그 아름답고 신비함에 도취해 버리는 것이다. 그래서 그의 유명한 「독일 건축에 관하여」(Von deutscher Baukunst)란 훌륭한 논문을 쓰기도 했다.

이와 같이 그는 섬세하고 감성이 풍부한 사람이었다. 괴테는 1년 반 동안 이곳에 머무는 동안 무엇보다도 부친의 뜻을 이루어 변호사 시험에 합격하였다. 또한 그는 문학 공부도 계속하고 특히 시작(詩作)도 꾸준히 해서 「들장미」(Heidenröslein), 「5월의 노래」(Mailied) 등의 시를 발표함으로써 문명을 날리기도 했다. 괴테의 슈트라스부르크 체제중에 가장 중요한 사건은 요한 고트프리트 헤르더(Johann Gottfried Herder, 1744~1803)와의 만남이다. 그는 눈병 치료차 이 도시에 들렀다가 괴테를 만나게 된 것이다.

괴테는 자연, 호머, 셰익스피어, 성서, 민요를 문학의 모범으로 삼게 되고 무엇보다 루소(J. J. Rousseau)의 영향을 받은 헤르더를 통해서 자연과 친숙해지는 것이다. 괴테의 서정시도 변모하여 계몽주의에서 폭풍과 노도의 시기로, 오성편중에서 감정중시로의 변화를 보였다. 즉 헤르더와의 만남으로 독일 문학의 큰 흐름을 바꾸어 놓았으며, 이는 곧 '폭풍과 노도기'(Sturm und Drang)의 출발인 것이다.

이 시기에 22세의 청년 괴테는 두 번째 여인 프리데리케 브리온(Friederike Brion)과의 만남을 갖게 되는데, 그녀는 슈트라스부르크 근교의 세센하임(Sesenheim)의 목사 브리온의 셋째 딸이다. 그녀는 아름답고 맑은 영혼으로 괴테의 마음을 사로잡았다. 그러나 라이프치히에서 케트헨 쉰코프를 무정하게 떠났듯이 이미 괴테의 마음속에는 프리데리케의 사랑의 무거운 짐을 벗어나고자 했다. 자유에의 동경으로 사랑에 묶이는 것을 싫어했기 때문이다. 그래서 그는 이 청순한 소녀도 무참히 떠나고 마는 것이다. 그러고는 일평생 마음의 가책을 느끼고, 60평생 결혼도 안하고 괴테만을 사모했던 그녀에 대한 자책의 마음을 그의 대작인 『파우스트』의 제1부인 그레트헨 비극으로 남겼다.

「들장미」도 그 배경은 그녀에 대한 죄책감에서 쓰게 된 것으로 오늘날도 많이 애송되고 있다.

고향 프랑크푸르트에 머무는 4년 동안 그는 변호사 개업을 했으나 그 실적은 부진했고 별로 마음에도 없는 일이었다.

괴테는 슈트라스부르크 시절부터 늘 떠올랐던 시적 구상으로 『괴쯔 폰 베를리힝겐』(Götz von Berlichingen, 1773)을 완성했고 이 작품은 '폭풍과 노도기'의 핵심적인 포커스가 되었다.

부친은 법률공부가 적성에 맞지 않는 아들에게 법률공부를 더 시키기 위해서 베츨라르(Wetzlar)로 보냈다.

1772년 5월 베츨라르에 온 괴테는 고등법원에 나가면서 법률지식을 넓혔다. 베츨라르에서 괴테는 케스트너와 그 약혼자 샤를롯데 부프를 알게 된다. 그는 그녀를 어느 무도회에서 알게 되어 첫눈에 반해서 몹시도 사랑했으나 샤를롯데는 이미 약혼자가 있는 몸이었다. 그러나 사모의 정이 우애의 범위를 벗어나지 않도록 가능한 한 자신을 억제했다. 구애와 자제의 갈등 속에서 괴테는 한때 자살을 시도하기까지 했다. 그러나 친구들의 충고에 따라 9월 프랑크푸르트로 되돌아왔다.

1774년 가을, 축제 분위기로 들떠 있던 프랑크푸르트에는 괴테의 문학작품 『젊은 베르테르의 슬픔』(*Die Leiden des jungen Werthers*, 1774)의 출현으로 또 한 차례 술렁이고 있었다. 괴테가 베츨라르에서 있었던 샤를롯데와의 관계를 바탕으로 4주 동안에 완성시킨 이 작품은 출판되자마자 날개 돋친 듯 팔려 나갔다. 이 소설의 주인공 베르테르와 같이 노란 조끼를 입고 여기저기서 자살 소동을 벌였다. 괴테는 이 작품으로 독일에서 가장 유명한 작가

프랑크푸르트 작업실의 괴테의 스채 초상화(1774년 말)

가 되었을 뿐만 아니라 많은 방문객이 그를 찾았다. 괴테가 칼 아우구스트(Karl August)공의 초대로 바이마르(Weimar)로 출발하는 기간까지는 '폭풍과 노도기'였다.

철권 『괴쯔 폰 베를리힝겐』(Götz von Berlichingen, 1773)과 『젊은 베르테르의 슬픔』이 발표되어 문명을 떨쳤다. 그 밖에도 비극 『클라비고』(Clavigo), 『연인을 위한 희곡 슈텔라』(Stella, ein Schauspiel für Liebende, 1775)와 시편, 단편과 미완성으로 끝난 희곡 『마호메트』(Mahomet), 『프로메테우스』(Prometheus)와 『초고 파우스트』(Urfaust, 1773~1775) 등 많은 작품이 나왔다.

1775년 초 은행가 릴리 쇠네만(Lilie Schönemann)과 사랑에 빠진 괴테는 이내 그녀와 약혼을 하였으나 결혼으로 속박되지 않으려는 자유에의 욕구로 이 약혼도 무산되고 만다. 그러고는 그는 슈톨베르크 백작의 권유로 스위스 여행을 떠난다. 릴리와의 사랑의 결과로 낳은 서정시 「산상에서」(Vom Berge), 「벨린덴에서」(An Belinden), 「릴리의 동물원」(Lilis Park) 등이 유명하다.

또한 릴리와의 관계에서 복잡한 심경에 처해 있던 괴테는 바이마르 공국의 아우구스트 대공의 방문을 받았는데 이때 괴테는 바이마르를 방문해 달라는 아구스트공의 초대를 받았다.

1775년 11월 괴테는 작센 바이마르 공국의 수도 바이마르에 도착했다. 그 무렵 바이마르 공국의 수도 바이마르는 인구가 6천 명도 안 되는 시골도시였다. 이 작은 바이마르 공국은 전쟁으로 많은 피해를 입었지만 여왕은 예술과 과학을 이해하고 발전시키는 데 많은 시간과 돈을 들였다. 또한 칼 아우구스트공을 비롯한 바이마르 궁정의 사람들은 문화와 문학, 예술을 아끼는 분위기였다. 괴테는 번화한 고향 도시 프랑크푸르트로 돌아가지 않고 자기 맘대로 재능을 발휘할 수 있는 절호의 기회를 여기서 발견한 것이다.

칼 아우구스트공의 어머니 안나 아말리아(Anna Amalia)는 당시 36세로 프리드리히 대왕의 질녀로 일찍이 남편을 잃고 두 아들을 키우며 17년간 재

칼 아우구스트 폰 작센 ㅂ-이마르-아인제나하
(1786년 칼 뮐러의 동판화)

위에 있다가 1775년 당시 18세인 칼 아우구스트공에게 자리를 넘겨주었다. 당시 42세의 비일란트(Wieland)는 아우구스트공의 교육책임자로 초빙된 인물이었으며, 프리드리히(Friedrich Ⅱ세)와 비일란트가 큰 그릇으로 평가한 칼 아우구스트공은 진보적인 군주로, 불굴의 의지와 감수성을 지닌 젊은 나이에 비해서 인품과 식견을 두루 갖춘 인격자였다. 그러므로 칼 아우구스트공의 주변에는 항상 명사들이 있었고 궁정에 출입하는 사람들 사이에서 괴테는 자기의 뜻을 마음대로 펼 수가 있었다. 칼 아우구스트공은 괴테를 잘 이해했으며 괴테는 점차로 아우구스트

뵈를리쯔 성(1778년 5월 26일, 괴테 작)

공을 도와 국정에 정진할 수 있도록 하였다. 괴테는 추밀 평의원과 각의원으로 추천되었으며 그의 염원은 군주가 국민의 복지를 도모하는 데 진력해 주는 것이다.

그는 우선 광산의 업무를 맡아 폐광을 개발하고 동시에 광물학과 지질학 연구도 시작했다. 곁들여서 식물학, 골상학과 해부학도 연구를 시작했다. 1779년에는 토목, 군사 분야에도 관여했으며 정추밀 평의원으로 대신이 되었다. 이렇게 해서 30세 때 괴테는 그의 이름에 귀족을 표시하는 '폰'(von)이 정식으로 붙었고 내무대신으로 재정, 토지, 산림행정도 맡았다.

이 무렵 프로이센과 오스트리아는 세력이 커서 바이마르 공국이 그 사이에서 중립을 지켜 나가기란 어려웠다. 그러나 괴테는 이 일을 잘 처리해 나갔다. 괴테는 이곳에서 10년 동안 외교뿐만 아니라 모든 방면에 걸쳐 고문관 노릇을 했다. 또한 이 10년간은 자연의 모든 것에서 신을 찾는 범신사상에 침잠해 있었다. 해부학의 영역에서는 1784년 인간의 악간골을 찾아냈고 식물학의 분야에서는 원식물의 개념이 확고해졌다.

이 당시에「방랑자의 밤의 노래」(Wanderers Nachtlied)를 비롯하여 많은 시를 썼다. 그는 궁정극장도 손수 경영하였고 자기가 쓴 희곡을 특별히 마련된 이 극장에서 공연했다. 이 무렵 소설 『빌헬름 마이스터의 수업시대』(Wilhelm Meisters Lehrjahre, 1795)를 집필하기 시작했으며, 산문 『이피게니에 아우프 타우리스』(Iphigenie auf Tauris, 1786), 『토르콰토 타쏘』(Torquato Tasso, 1789)를 끝냈다. 괴테의 고전주의는 성숙해 갔다. 이때 괴테에게 많은 영향을 끼친 일곱 살 연상의 샤를롯데 폰 슈타인(Charlotte von Stein)은 괴테의 마음을 잘 이해해 주었다. 부인은 괴테의 연인이고 조언자였고 친구였다. 무엇보다도 괴테는 그녀로부터 자기억제와 극기라는 것을 배우게 된 점이다. 26세인 괴테가 슈타인 부인을 처음 만난 것은 그녀가 33세 때였고 이미 7명의 자식이 있었다. 두 사람은 서로를 이해해 주었기 때문에 교제는 12년간 계속 되었다. 두 사람은 함께 자연과학, 철학, 기행문 등을

샤를롯데 폰 슈타인
(1777년 3월경에 괴테가 그린 흑묵화)

읽고 정리도 했다.

   괴테는 보다 훌륭한 작품을 써서 시인으로서 타고난 재능을 길러야겠다고 생각했다. 괴테 자신뿐만 아니라 그의 주변 사람들도 그를 정치에 더 이상 묶어 두어서는 안 되겠다는 생각이 들기 시작했다.

   1789년 괴테는 아우구스트공의 휴가를 얻어 상인으로 신분을 속이고 바이마르 공국을 도망치듯 빠져 나와 이탈리아로 가는 마차에 몸을 실었다.

   괴테는 로마에 남아 있는 훌륭한 건축물을 보았고 건축물 안에 소중이 소장된 미술품을 돌아보았다. 그는 연극이 공연되는 극장에도 가보았다. 그렇게 그리던 로마에서 그는 『이피게니에』 작품을 집필하면서 독일의 화가 티쉬바인의 안내로 미술품을 보고 다녔다. 괴테는 희랍의 예술과 르네상스의 예술은 로마에 와서 처음 감상하게 되었다. 이 시기에 슈타인 부인과의 관계는 소원해지고 괴테에 대한 그녀의 오해로 절교의 서신을 괴테에게 보냈다.

◀
괴테의 여객마차
(1911년 루드비히 미히알렉의 색채 초크화)

이탈리아 깜파냐의 괴테(1786~1788년의 빌헬름 티쉬바인의 유화)

괴테는 나폴리, 폼페이와 시실리 섬까지 여행했다. 시인으로, 식물학자와 지질학자로서 활동도 대단했다. 이곳 이탈리아에서 막달레나 리지라는 아가씨와의 사랑도 이 당시 있었던 이야기다. 여기서 그의 『에그몬트』(Egmont, 1789), 『타쏘』(Tasso, 1890)와 『파우스트』(Faust, Ⅰ부 1808, Ⅱ부 1832) 집필도 순조롭게 진행되었다.

로마에서의 생활은 이탈리아 고대생활과 예술의 이상을 그에게 가르쳐 주었다. 그러나 이 기간 괴테는 바이마르를 중심으로 한 독일의 동시대인들과의 교제는 끊겼었다.

1788년 6월 또다시 로마를 떠나 정든 바이마르로 돌아온 괴테는 크리시티아네 불피우스(Christiane Vulpius)라는 16세 연하의 소녀를 그의 나이 39세 때 바이마르 공원 산책중에 만나게 된다. 마침 슈타인 부인과의 사이가 좋지 않아서 우울하던 차에 청초한 그녀의 모습에 끌리어 이내 그녀와 동거하게 되는데 결혼수속을 밟은 것은 훨씬 후의 일이었다. 이때 쓴 서정시가 「로마의 비가」(Römische Elegie)이다. 또한 이때 그는 학문상 광학의 연구를 열심히 해서 후일에 방대한 『색채론』으로 발표하기도 하였다.

1789년 프랑스 대혁명은 괴테에게 갖가지 체험과 작품을 낳게 했다. 1797년에 발표한 『헤르만과 도로테아』(*Hermann und Dorothea*, 1797), 1803년에 『서출의 딸』(*Die natürliche Tocher*, 1803) 모두 혁명에 관해 취재한 것이었다. 괴테는 보수적인 입장이었으나 칼 아우구스트공이 프랑스로 출정하는 데 수행했다. 1793년 1월 프랑스의 왕 루이 16세가 파리에서 목이 잘렸다는 소식을 듣고 고통을 느끼고 괴테는 세상을 꼬집어 그대로 동화를 썼다. 이것이 「라이네게의 여우」(Reineke Fuchs)란 풍자서사시이다. 괴테는 이 시에서 교활하고 잔인한 여우 한 마리를 비유로 이 무렵의 사회를 비꼬았다.

1794년 이미 서로 만난 지 6년을 맞은 괴테와 10년 연하인 실러와의 사이에는 독일 문학 발전이란 대전제하에 뜻을 같이 함으로써 고전주의 문학의 완성이란 큰 목표를 이루게 된다. 괴테는 현실주의자요 실러는 이상주의자로 서로 세계가 다른 두 사람의 이상과 자질은 달랐지만 두 사람을 하나로 묶어 놓은 공통된 큰 목표는 두 사람을 절친한 친구 사이로 만들었다.

두 사람이 자유를 아름다운 현상에서 추구한 점도 이들의 또 다른 공통점이기도 했다.

1794년 라인 지방의 전쟁터에서 돌아온 괴테는 다정한 얼굴로 실러를 대했다.

"누구든지 한 사람의 힘으로는 큰일을 할 수가 없습니다. 서로 모이고 서로 자유롭게 자기 생각을 폄으로써 우리는 보다 발전할 수 있는 겁니다."

이와 같이 실러는 괴테의 말에 존경의 뜻을 전했다.

실러로부터 새로운 우정을 느낀 괴테는 마치 젊은 힘이 샘솟듯 좋은 작품을 쉴새없이 발표했다.

"난 당신 덕분에 다시 시인이 될 수 있었던 거요. 이탈리아에서 돌아온 나는 줄곧 언짢은 마음이 앞서 아무것도 쓰기가 싫었답니다. 당신을 만난 것이 나로서는 얼마나 다행한 일인지 모르겠습니다."

괴테는 이렇게 실러의 우정을 감사하게 생각했고, 이런 점에서는 실러의 입장도 마찬가지였다. 실러도 괴테의 격려로 훌륭한 작품을 많이 발표할 수 있었기 때문이다.

두 사람의 만남으로 이루어진 일 중에 가장 성과 있는 일은 괴테의 작품 『빌헬름 마이스터의 수업시대』(*Wilhelm Meisters Lehrjahre*, 1795)와 『헤르만과 도로테아』(*Hermann und Dorothea*, 1797)의 완성이었다. 무엇보다도 괴테가 『파우스트』(*Faust*, Ⅰ부 1808, Ⅱ부 1832)를 쓰게끔 격려해 준 사람이 바로 실러이다. 괴테는 『단편 파우스트』(*Faust, Ein Fragment*, 1780)를 쓰고 만족하고서 고대 희랍 세계에 침잠해 있었다. 괴테는 예술이론과 연극 방면에서도 깊은 관심을 보여 정진하고 있었으며, 지질학・광물학・식물학・광학・해부학・골상학에서도 많은 발전을 이룩했다. 실러도 괴테와 함께 창작에 몰두함으로써 1803년에는 사극 『발렌슈타인』(Wallenstein, 1800)을 집필해서 그 Ⅰ부가 바이마르 극장에서 상연되었다. 두 사람의 관계는 더욱 긴밀해졌다. 그들은 낭만주의에는 반대하는 입장이어서 고전적인 것은 건강한 것이며 낭만적인 것은 병적인 것이라는 유명한 말을 남겼다.

1805년 초에 괴테와 실러는 두 사람 다 병으로 쓰러졌다. 누구보다 슬퍼한 괴테는 친구이자 음악가인 헤르더에게 다음과 같이 쓰고 있다.

"나는 내가 죽은 것으로 생각했으나 내가 죽지 않은 대신 한 사람의 친구를 잃었다. 그리고 이 친구 속에 나의 존재의 반을 잃었다."

◀ 바이마르의 야콥스 교회(1806)

거의 같은 시대 독일 땅에 태어나 위대한 시인이 된 두 사람의 유골은 바이마르 공국의 왕과 함께 나란히 잠들고 있고 바이마르 극장 앞에는 두 사람이 손을 마주잡은 동상이 서 있다.

1808년 10월의 일이다. 나폴레옹이 바이마르로 쳐들어왔을 때 괴테는 별로 싫어하지 않았는데 이는 괴테 자신이 프랑스 국민을 마음속으로부터 존경하고 있었기 때문이거, 나폴레옹의 초대에도 응했다. 괴테를 존경하고 있었던 나폴레옹은 괴테가 쓴 『젊은 베르테르의 슬픔』(*Die Leiden des jungen Werthers*, 1774)을 진중에서 7번이나 읽었다. 이렇게 해서 두 천재는 자리를 같이 했고 만나게 된 것을 무척이나 기뻐했다.

괴테가 제일 중요한 일을 해낸 것도 이 무렵이다. 인간이 만든 가장 위대한 희곡이라고 하는 『파우스트 Ⅰ부』가 완성된 것도 바로 이때의 일이다. 『파우스트 Ⅱ부』는 좀처럼 완성을 보지 못하다가 82세가 되어서야 비로소 완성을 보았다. 괴테는 83세로 세상을 떠나기 몇 주일 전까지도 이 작품을 썼다. 어려서 할머니가 보여준 인형극 무대에서 본 파우스트를 괴테가 60년 동안 이 한 작품에 바쳤다고 할 만큼 이 작품은 유명하다.

괴테는 많은 사람을 만났다. 그 중에서도 연하의 베토벤을 만난 것은 1812년 여름, 보헤미아의 테플리쯔 온천장에서였다. 베토벤은 괴테의 작품 『에그몬트』(*Egmont*)를 작곡했는데, 여기서 괴테는 베토벤이 직접 연주하는 것을 듣고 크게 기뻐하고 감동했다. 이때 괴테와 베토벤은 시골길을 걷게 되었는데 마침 길 저쪽에서 귀족이 여러 사람을 거느리고 괴테 쪽으로 오고 있었다. 괴테는 베토벤에게 길을 비켜 주자고 했다. 그러나 베

루드비히 반 베토벤(1770~1827)
(1815년 J. W. 멜러의 유화)

토벤은 불만스럽게 반대했다. 베토벤은 보라는 듯 길 한복판을 걸어갔다. 그러나 괴테는 길 한편으로 비켜섰다. 단적인 예지만, 이와 같이 괴테는 종종 젊은 사람과 마음이 맞지 않아 몹시도 외로웠다. 나이가 들면서 가까이 지내온 사람들도 하나씩 곁을 떠나게 되자 괴테는 외로워졌다. 실러, 바이마르 공국의 여왕, 그리고 그 부모도 세상을 떠났다. 그러나 그는 자신이 독일에 한정되지 않고 세계의 괴테임을 느꼈다.

　괴테는 이 무렵 에커만(Eckermann)과 만나게 되는데 에커만은 문학작품은 남기지 않았지만 문학을 좋아해서 괴테를 흠모하고 존경했다. 에커만은 괴테와 가까이 지내며 정성껏 그를 보살폈다. 에커만은 뒤에 괴테와 주고받았던 대화를 일일이 기록해서 『괴테와의 대화』(*Gespräch mit Goethe*)란 저서를 남겼다. 괴테는 에커만을 만나고 나서부터 『파우스트』(*Faust* Ⅱ부, 1832)를 계속 써서 마칠 수 있었다. 철학자 니체(Nietsche)가 이 에커만의 저서를 독일 최고의 서적으로 칭찬을 아끼지 않았는데 이는 괴테를 아는 데 필독서로 널리 인정받고 있다.

바이마르의 괴테 생가

괴테의 명성은 전 유럽에 널리 알려져 있었으나 바이마르 저택에서의 생활은 고독했다. 1816년 부인 크리스티아네가 51세로 세상을 떠나고, 1817년 아들 아우구스트(August)는 결혼은 하였지만 무능하여 자립도 못하면서 이탈리아로 떠나 그곳

아들 아우구스트의 초상화
(요한 하인리히 립스(1758~1817)의 초크 그림)

1. 괴테의 생애

에서 생을 마감했다. 괴테가 손자의 교육에 관심을 유달리 쏟은 것은 지나치게 술을 마시는 아들의 주벽 때문이기도 했다.

　1825년에는 괴테를 바이마르 공국으로 불러 정치에 참여하게 해서 많은 국정을 시행하도록 초대해 준 칼 아우구스트공의 즉위 50년 축하잔치가 베풀어지기도 했으나, 1827년에는 슈타인 부인이 숨을 거두었고, 1828년에는 칼 아우구스트 대공이 서거하고 1830년에는 대공비가 서거했다. 괴테의 주변의 정들었던 큰 거목들이 하나하나 쓰러져 갔다.

　1829년 『파우스트 Ⅰ부』가 바이마르와 프랑크푸르트에서 공연되었다. 이는 괴테의 80세를 축하하는 공연이었다.

　1831년 8월 괴테는 82세 되던 해에 그의 평생의 대작 『파우스트 Ⅰ부』에서 『파우스트 Ⅱ부』까지 마치는데, 장장 60평생이 걸려 완성하였다. 그 당시같이 어지러운 세상에 누가 그의 작품을 읽고 바로 이해하겠는가라고 두렵게 생각한 괴테는 『파우스트 Ⅱ부』 원고를 완성했지만 원고는 봉인을 해서 보관하니 죽은 뒤 적당한 때에 발표해 주기 바란다고 유언을 남겼다. 82세의 생일날 괴테는 축하인사 받기도 번거러워서 손자와 함께 일메나우로 여행을 떠나 일찍이 그곳의 칼 아우구스트공을 따라 여러 번 오른 적이 있는 키케르한의 산에 올랐다.

　그리고는 사냥꾼이나 등산객이 머무는 작은 집으로 갔다. 목재로 지은 2층의 방에 오르자 괴테는 방 벽에다 짤막한 시를 적어놓은 일이 생각났다. 안내인의 도움으로 연필로 벽에 써넣은 작은 시 한 편을 찾아냈다.

"모든 봉우리에는
휴식이 깃들었고,
모든 나뭇가지에는
바람소리조차
느끼지 못하고,
새들도 숲 속에서 조용한데
기다려라, 곧
너도 쉬게 되리라."

— 괴테

▶
일메나우 근처의
키케르한 산 위의 수렵관
(1780년 9월 6일에 쓴 시가
유명함.)

1. 괴테의 생애

1780년 9월 7일자의 날짜로 괴테가 31세의 나이로 즉 51년 전에 써넣은 것이다. 괴테는 감개 무량해서 눈물을 흘렸다.

1831년 가을, 괴테는 자서전 『시와 진실』을 완성시켰다. 이 책은 괴테의 자서전일 뿐만 아니라 80년의 세월에 걸친 괴테의 훌륭하고 위대한 마음이 잘 표현되어 있다. 자서전을 끝냄으로써 괴테도 할 만한 일을 다한 셈이다. 그렇다고 그는 멍하니 소일하는 사람이 아니다.

"끝낼 수 없는 일
그것이 너를 훌륭하게 만든다."

일을 쉬지 않는 활동가, 연구가, 창작가였던 괴테는 훌륭한 문호가 될 수 있었다.

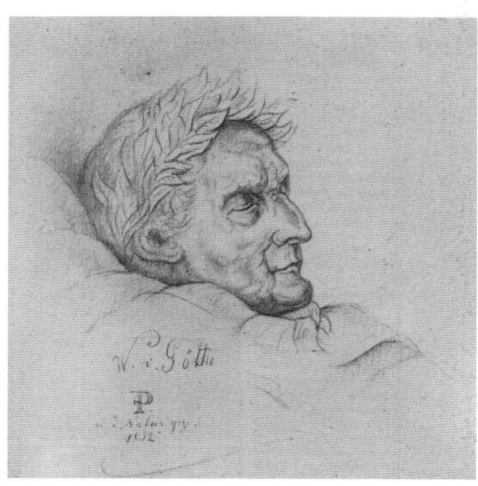

◀
괴테의 마지막 초상화
(프리드리히 프렐러의
1832년 연필화)

이 당시 괴테는 한 젊은 음악가 멘델스존이라는 작곡가로부터 『파우스트 I부』를 오페라로 지은 것을 알게 된다.

1832년 3월 16일 괴테는 감기 기운이 있어서 자리에 누웠다.

그해 3월 22일 오전 11시 30분쯤 83세의 생을 마감했다. 괴테는 시종을 머리맡으로 불렀다. "더 많은 빛을! 내게 더 많은 빛이 비치도록!" 해달라고 요청했다.

장례는 3월 26일에 치러졌는데 유해는 칼 아우구스트공의 왕가의 묘소에 실러와 나란히 잠들어 있다.

괴테는 1832년 3월 「시민이 할 일」이란 제목의 짧은 시를 썼다. 그가 아끼는 바이마르 공국의 국민들에게 보낸 시로 이것이 마지막 시가 되었고 친구 빌헬름 폰 훔볼트에게 보낸 『파우스트』에 대한 편지가 마지막 서신이 되었다. 괴테의 후손으로는 미혼의 손자 둘을 남겨둔 채 세상을 떠났으므로 괴테의 가문은 단절되었다.

2

체험과 창작

　괴테는 어린 시절부터 시적인 재능을 타고났고 이를 자신이 자각하고 있었던 것 같다. 또한 괴테는 할머니르부터 소개받은 인형극에 심취해 있었고 이를 상연하고 재조작했다. 그리고 이 인형극의 소재는 어머니에게서 구전받은 동화나 민중문고에서 스스로 읽어서 얻은 것들이었다. 당시 괴테가 시도했던 시작(詩作)들도 많았는데, 「볼 만한 것」, 「사랑하는 이의 심술」 등, 고향을 떠나 지낸 일이 이런 창작에 영향을 주었다. 하여간 괴테의 유년시절의 특징은 심미감, 자아감과 시를 창작하는 재능이라고 볼 수 있다. 괴테의 신앙은 독실한 기독교 가문에서 나서 성서를 마음의 양식으로 삼으면서도 만사를 이성적으로가 아닌 감각에 의거해서 이해하려는 특징이 있어서 이교적인 경건심으로 보는 것도 이런 이유에서이다.
　라이프치히 대학시절 빙켈만이 한 말인 "고귀한 단일성과 조용한 위대성"이란 말을 듣고 외젤을 통해서 괴테는 지난날의 로코코 취미를 씻어버릴 수 없었던 것이다. 레싱의 『라오콘』을 읽고 미술관에 대한 자극을 받고서 예술 작품을 자기 눈으로 감상하고자 드레스덴으로 여행을 떠났다.

괴테의 유년기부터의 시작에 대한 관심과 흥미는 크로디우스의 혹평을 받고 잠시 멈추었다가 6개월 후에 심기일전해서 다시 16편의 시를 쓰기 시작했다. 베리쉬는 괴테를 혹평하면서도 괴테의 시를 전시해서 보존하고 있는데 케트헨 쉰코프를 기념하여 「아테네」라고 했다. 이 원고는 오랫동안 묻혔다가 『초고 파우스트』와 함께 폰 게이하우젠의 유품 중에서 발견되어 괴테와 실러문고에 수록되었고 2년 후에 나온 바이마르판 괴테 전집 제37권에도 비로소 수록되었다. 「아테네에게」, 「목자의 노래」, 「부르짖음」 등이다.

몇 편의 시를 빼고서는 괴테의 특성을 나타내는 것은 없고 아나크레온적인 것이다. 1770년에 출판된 신소곡집에는 그의 체험에서 우러나온 것이 많았다. 「나그네의 밤의 노래」, 「달에 부쳐」 등은 서정시의 새로운 양식을 개척한 것이라고 했다. 이러한 시들은 괴테가 자연 가운데 그 힘과 위대성을 인식하고 여기에 감성을 부여하고 언어를 부여한 것이 특징이다. 라이프치히 시절의 작품으로는 『공범자』, 『사랑하는 자의 심술』의 2편만이 전한다.

괴테의 라이프치히 시절의 시작은 구시대인들의 형식을 이어받고 거기에다가 자기의 감정, 감각이나 경험을 결합시킨 것이다.

괴테가 이와 같이 과거의 틀을 벗어나지 못한 것은 어려서 그런 것도 있겠으나 그의 온화한 성격 탓으로 틀을 깨고 벗어나서 과감히 혁신하는 성격이 아니라 수용하는 자세이기 때문이다. 반면에 클롭슈톡이나 실러같이 이념으로 세계를 파악하려드는 사람도 있다.

　괴테는 어머니의 친구인 클레텐베르크 부인과 사귀면서 내면생활에 깊이 침잠하게 되었고 그의 창작생활에도 영향을 받았다. 클레텐베르크 양은 헤른후트파에 속했는데 신비력에 대한 신앙이 컸다. 괴테가 클레텐베르크 양의 영향을 받으면서도 기독교에 귀의하지 않은 것은 그가 자연에 심취하면서 신과 우주에 대한 직관적인 인식능력이 한층 강화되었기 때문이었다.

　독일의 계몽주의 문학은 독일정신의 근본인 오성의 존중을 내세우고 사물의 내면세계까지 침투해 들어가고 시대의 오류를 지적하고 문학의 정신을 자연과 연결지어 관찰하는 방법과 모두가 하나의 통일체로서 자연 즉 신의 발전 현상임을 제시하였다. 그리고 이러한 헤르더의 자연관은 호머, 셰익스피어나 성서에서 느낀 것으로 성서를 문학작품으로 여기게 한 헤르더의 영향이었다. 이와 같이 괴테는 북구의 '에다' 문학도 접하게 되니 그의 폭넓은 문학관을 수립하고 세계관을 형성하게 된 것은 바로 헤르더의 영향이 컸던 것이다. 사상적인 경향도 슈트라스부르크 시절 괴테의 사상범위를 벗어나지 않고 있다.

　셰익스피어, 플라톤, 호머에 애착심을 갖고 괴테는 자기 집에서 셰익스피어제를 지냈을 정도이고 「셰익스피어의 날에 부쳐」라는 논문을 썼는데 이는 헤르더의 영향권에서 벗어나지 못하고 있다. 이 당시 셰익스피어를 모방해서 쓴 『괴쯔』가 시도

되었는데 여기에는 누이 코르넬리아의 자극이 컸다.

　괴테는 이 무렵에 요한 하인리히 메르크를 알게 되었는데 이지와 시작의 재능이 있어서 섬세한 취미를 지닌 그는 인간의 진상을 정확하게 파악하는 비평안의 소유자였다. 그의 예리한 비평정신은 인간의 약점이나 결점을 꿰뚫어보고 조소하기 때문에 두려움의 대상이 되었다. 괴테는 이런 메르크를 그의 『파우스트』의 악마의 주인공 메피스토펠레스(Mephistopheles)로 삼았다.

　『고트프리트』에서 『괴쯔』에 이르는 작품은 개작을 했다고는 하지만 한 폭의 역사화를 보는 듯한 느낌을 면치 못한다고 군돌프는 말했다.

　『괴쯔』는 셰익스피어의 연극을 독일어로 옮겨놓은 것으로 종래에는 시도되지 않았던 것이다. 이 작품으로 괴테는 전 독일에 알려졌을 뿐만 아니라 희극사상 역사적인 사건이 되기도 했다.

　1773년에서 1775년 사이는 괴테가 『베르테르의 슬픔』을 쓴 시기로 괴테의 내면세계가 발효하고 비등한 시기이고 문학창작과 평론 등 수많은 계획이 쏟아져 나온 시기였다.

　'슈트름 운트 드랑' 시기의 특색인 자유에 대한 감격에 젖어 있던 사람들은 클롭슈톡을 숭배했고 자유, 우정, 조국을 캐치프레이즈로 내걸고 활동하던 사람들이다.

　이때 그의 작품 『괴쯔』가 발표되자 이들은 괴테를 자기의 동지로 여기기 시작했다. 괴테는 보이에와 사귀게 되고 1774년에서 1775년 사이에 『괴팅겐 연간시집』에 시를 기고하고 있었다. 그 밖에도 괴테는 부르거, 포쓰, 슈톨베르크 백작 등과 사귀게 되었다. 이들 작품 속에 들어 있는 자유와 폭군에 대한 증오심이 잠시나마 그들을 결합시키고 있었다.

바이마르 소공국의 칼 아우구스트공이 괴테, 실러, 비일란트, 헤르더 등의 천재들을 바이마르에 모이게 해놓고 괴테가 이곳에서 일생을 보내게 한 데는 칼 아우구스트의 모친인 안나 아말리아의 힘이 컸다.

안나 아말리아는 학자들을 우대하고 극장을 무료공개하고 도의 등을 순화하고 미화하는 데 앞장서서 명실공히 바이마르가 독일 문학의 번영기를 이루는 기초가 되었던 것이다. 그 당시 아우구스트공과 안나 아말리아를 중심으로 훌륭한 시인, 화가, 음악인들이 모여들었다.

바이마르 공화국의 문학 및 문화의 전성기는 바로 괴테와 실러의 동상이 구심점으로 그 상징이 되는 것이다. 괴테의 슈타인 부인에 대한 사랑은 그의 생애중 다른 사람들에게 준 영원한 여성적인 것에 대한 사랑이 아니고 상호 형성의 의지에서 나온 것으로, 괴테와 슈타인의 관계는 남녀간의 사랑이 아니고 인간 대 인간의 사랑이었다고 하겠다. 즉 여성에 대한 이런 유형의 사랑은 슈타인 부인에 대해서만 유일한 것이었으며, 『베르테르의 슬픔』시대에 최고조에 달했던 괴테의 세계감정은 슈타인 부인과의 관계를 계기로 해서 새로운 세계관의 형성에까지 이르게 된다. 『베르테르의 슬픔』시대에 괴테의 생활의 중심점은 전능한 자아였고 바이마르에서는 자아보다는 타아 중심의 세계 즉 혼동상태에 처해 있었지만, 슈타인 부인의 사랑에 의해서 자아를 중심으로 하되 감정만의 세계를 벗어나 사회의 법칙과 도덕을 중히 여기게끔 되었다. 따라서 사회법칙, 도덕이라고 하는 휴머니즘의 이상은 자연과 자유를 노래한 「인생의 한계」, 「신성」 등의 시로 탄생되었다.

괴테의 인문주의 사상은 루소의 자연회귀사상, 볼테르의 계몽주의, 클롭슈톡의 인간 영혼의 숭배, 빙켈만의 희랍사상, 헤르더의 사상, 칸트의 순수이성 비판 등의 영향으로 이루어진 것이 아니다. 괴테 특유의 인문주의는 슈타인 부인과의 사랑으로부터 영향을 받고 속세적인 감정의 세계에서 명쾌한 영혼의 세계로 발전해 간다.

괴테는 『괴쯔』와 『에그몬트』의 소재를 역사에서 따왔다. 이 점은 실러나 셰익스피어와도 일맥상통하는 점이다.

괴테는 자연관에 있어서는 스피노자와 일치한다. 그는 자연 가운데 유기조직의 본질을 발견하고 일반적인 형성 법칙에까지 도달하려고 했다. 여기서 괴테는 인문주의 사상을 찾아냈는데 유기조직의 계속적인 상호작용이며 다윈처럼 괴테도 무한한 변화 가운데 그 원인을 찾아내고자 했는데 그 변화의 배후에 변화하지 않는 원형을 발견하려고 했다. 괴테가 칸트와 닮은 점은 인간이 생물과 별 차이가 없고 윤리적인 능력만이 다른 점이라고 한 점이다.

괴테는 시적으로 자연을 연구하는 태도를 지녔다. 그는 '슈트름 운트 드랑'기의 주관주의에서 벗어나서 예술 속에도 법칙적인 표현이 있다는 것을 알게 되고 빙켈만이 가르쳐 준 바 그대로 돌아가서 '고귀한 단순과 조용한 위대'를 깨우치게 되었다.

괴테의 사상과 예술관의 변천이 가장 잘 나타난 것은 서정시다. 그의 자연에 대한 감정을 나타낸 것으로는 「요정의 노래」, 「마왕」, 「어부」가 있는데 여기서는 신비롭고 순수한 자연의 일면이 들어 있다. 괴테는 로마에서 화가 빌헬름 티슈바인을 비롯한 많은 친구들과 고대 유물을 관찰하고 『이피게니에』의 완성을 서두른다. 이탈리아에서의 괴테의 청춘시대의 창작과 다른 점은 자연에 대한 통찰력의 유무에 있는 것이다. 괴테는 이탈리아에서 『에그몬트』와 『이피게니에』를 완성하고 『타쏘』는 바이마르에 와서야 완성되었다. 그후 괴테가 프랑스 혁명을 소재로 한 것으로는 『헤르만과 도로테아』, 『의붓딸』, 『동화』 등이 있다.

괴테는 정신과학에서 출발해서 자연으로 향하고 실러는 자연과학에서 출발해서 정신적인 분위기로 접근해 갔다. 실러가 역사연구를 하던 시대에 괴테는 자연과학에 돌두하고 있었고 실러는 역사에 큰 영향을 받았지만 괴테는 역사를 통해서 큰 영향을 받지 못했다.

실러는 칸트철학을 공부해서 창작에 끌린 반면에 괴테의 정신생활은 사색에서 전개되지는 않았다. 괴테의 철학은 자연이나 세상을 관찰해서 얻어진 것이다. 실러는 변증법적이었는데 괴테는 관조적이었다. 실러는 생각한 것에 형체를 부여하려고 한 반면에 괴테는 눈으로 본 것에 정신을 부여해 준 것이다.

칼 아우구스트가 나이가 들어감에 따라 독립적으로 되고 대인관계가 소원하게 됨에 따라 괴테는 실러와 점점 가까워졌다.

실러는 정력적인 창작인이었기 때문에 괴테의 창작에도 영

◀ 프리드리히 실러(1759~1805)
(1780년경 J. F. 베커린이 그린 유화)

향을 끼쳤고 실러는 물질을 초월한 사람이었다. 괴테는 자연과 인간의 영향을 받는 입장이어서 괴테가 실러로부터 받은 것은 얼마나 청신한 신선감을 주었겠는가? 실러는 괴테와 뗄 수 없는 관계가 되었다.

괴테가 종종 방문한 작은 대학촌인 예나 시가 앞으로는 바이마르를 대신해서 독일의 문화적인 중심지가 된 듯한 감이 있었다. 괴테, 실러, 피히테, 셸링, 헤겔, 슐레겔 형제, 브렌타노, 티크 등이 이곳에 와있었기 때문이다. 예나는 고전주의의 중심지가 되었고 후기 칸트파의 철학과 낭만주의의 발생지가 되었다.

괴테와 실러는 발라드 창작에도 몰두하고 힘을 기울였는데 독일문학을 위해서도 참으로 다행한 일이었다.

괴테는 범신적인 세계를 보고는 있지만 그 자연관이 막연함을 느끼고 있었다. 그는 좀더 인격적인 신을 찾을 생각이었다.

이것은 이미 『서동시집』에도 나타났다. 괴테가 1806년 칼스바트에서 알게 된 울리케는 모친 아마리에를 따라 여름이면 자매들과 함께 마리엔바트에서 보냈는데 그때 울리케는 17세 소녀였다. 울리케가 이제 그의 정열의 대상이 되었다. 그러나 아말리에의 정중한 거절로 괴테는 이제 충실한 가정으로 되돌아왔다. 이것이 「마리엔바드의 비가」로서 「정열의 3부곡」의 제Ⅱ부가 되었다.

『파우스트』보다 1년 앞서 나온 대작 『빌헬름가이스터의 편력시대』는 『빌헬름 마이스터의 수업시대』의 속편으로, 이미 완성된 『빌헬름 마이스터』 제Ⅰ부의 속편을 쓰도록 영향을 끼친 실러의 영향을 받은 것이다.

『빌헬름 마이스터의 편력시대』는 『빌헬름 마이스터의 수업시대』와는 달리 독립된 몇 가지를 병렬시켜서 일관된 사상으로 전개하고자 하였으며, 『빌헬름 마이스터의 수업시대』에서 괴테는 빌헬름 마이스터의 교양과 훈련을 여러 가지 사회에서 습득하도록 하였다.

『파우스트』의 특성은 거인성과 차안성에 있다. 이것은 전설이 발달한 문예부흥기의 정신의 영향에서 나온 것이다. 개성의 힘과 인간의 능력에 대한 예찬이 최고조로 달한 문예부흥기의 정신의 영향에서 나온 것으로서 『파우스트』가 민족적인 시대 정신의 배경이 없었다면 그다지 큰 감동을 주지 못했을 것이다. 또한 지식에 대한 절망을 느끼고 직접 자연과 인생에 부딪혀서 천지간의 신비를 캐보려는 경향도 헤르더의 영향을 받은 것이다.

그 중 그레트헨에 대한 부분은 원래 파우스트 전설 중에는 없는 것인데 전작품을 통해서 제일 아름답고 재미있는 장면이다.

이때까지 미완성이었던 작품 『에그몬트』와 『이피게니에』는 비로소 완성을 보고, 『타쏘』는 바이마르에 돌아와서 완성을 보게 되는데, 괴테가 20세부터 구상해서 24세에 쓰기 시작하여 82세에 완성했으므로 장장 60년 동안에 걸쳐 쓴 것이다.

클레텐베르크 양은 헤른후트파에 속하는 사람으로 『빌헬름 마이스터』에 나오는 〈아름다운 영혼의 고백〉에서 괴테는 그녀를 위해 기념비를 세웠다. 한동안 이 종파의 사람들도 찾아와 환대를 받았고 아버지도 환영했지만 괴테에게 세례를 행한 프로제니우스 목사는 정통파의 입장에서 이들에게 반격을 가했다. 괴테가 존경하는 클롭슈톡이 쓴 서사시 「구세주」는 열광적인 환영 속에 낭송되었다. 시인 클롭슈톡은 성인으로 존경받았으며 클롭슈톡협회가 생기기도 하였다. 이 집회는 규모는 적으나 독일에서는 초기에 속하는 문학단체였다. 라이프치히 시절에 괴테는 17세로 고트쉐드는 지는 별이었고 겔레르트는 아직도 부드럽게 멀리까지 그 빛을 발하고 있었다. 괴테도 이때 명망을 지닌 그 시대의 유일한 독일 시인이었다.

괴테는 케트헨 쉰코프를 『시와 진실』속에 매력 있는 모습으로 만들어 낸 후에 기념비적인 영광에까지 도달했다. 시적인 서술과정에서 합법적이고 다양한 인물이 합쳐져서 하나의 여자 모습이 되어 라이프치히의 사랑의 유희가 케트헨 속에서 그 절정에 이르렀다고 할 수 있다. 천국과 지옥 그리고 케트헨에게는 아무 죄도 없다는 것이 증명되고 난 뒤에는 고충에 대한 생각이 오히려 기쁨이 된다고 회상하고 있다. 케트헨과의 연애사건의 정확한 관계를 확인해 보려는 것은 헛된 수고라고 하겠다. 괴테 자신이 이 여자를 『시와 진실』에서 엔헨이라고 부르고 있다. 프랑크푸르트의 그레트헨과 마찬가지로 그녀도 괴테와 일행을 술집으로 안내한다. 쇤코프 일가는 원래 여관 겸 식당을 경영한 것은 아니지만 손님들을 하숙인으로 받아들임으로써 그곳에서 식사와 주류도 마실 수 있었다. 괴테는 이 집주인에게 손수 포도주 병의 아름다운 상표를 새겨준 일도 있다. 케트헨은 그 당시 개념대로라면 올드미스였으며, 라이프치히의 다른 아가씨처럼 애교와 교태가 있지는 않았다. 포도주 집은 '은색 곰' 집으로 그후 이사했는데 은색 곰은 지금도 음악 전문 출판사인 브라이트코프의 상표다. 이 집의 두 형제하고는 친하게 지냈는데, 콘스탄제는 매우 박식했으며, 베른하르트는 괴테의 시에 곡을 붙이기도 했다. 부친 브라이트코프는 이동활자가 나오자 악보 인쇄술에 따라 『악보가 첨부된 새 가요집』을 1770년에 인쇄하였다. 이것이 괴테의 최초의 시집이었다. 어떤 공작의 사생아의 가정교사였던 베리쉬는 친구인 메르크를 그린 괴테의 최초의 스케치와 어딘지 비슷한 데가 있다. 그는 회색 옷을 즐겨 입었고 메피스토펠레스적인 요소가 있고 심술궂은 익살꾸러기였다.

　『시와 진실』에서 여러 가지 교양체험이나 문학사적 사고에서 피력하고 있는 것들은 설득력이 부족하다고 하겠으나, 소년 괴테는 라이프치히에서 많은 체험을 했다. 그는 몇 해 동안 많은 것을 읽었고 극장도 자주 다니고 브라이트코프, 이웃사람,

또는 오버만 집안 사람들과 희곡에 출연하기도 하였다. 이 시기의 작품으로 남아 있는 작품으로는 몇 편의 시가수첩과 2편의 희곡과 목인가극인 『사랑하는 자의 심술』과 『공범자』이다. 『공범자』는 목인가극이 아니라 음모극으로 프랑크푸르트로 돌아온 후에야 비로소 완성된 것인데 목인가극인 「사랑하는 자의 심술」은 라이프치히 시절의 연인들의 우아한 미뉴엣으로 모습을 탈피하고 있다. 등장인물은 괴테 자신이고 여성적인 요소 때문에 언제나 남성보다 여성들을 사랑스럽고 명쾌하게 그리고 있다. 젊은 브라이트코프에 의해 인쇄된 이 소책자들은 거의 사람들 손에 들어가지 않고 그 중 몇 개가 나중에 연감 시집에 재수록됨으로써 동시대인들에게는 널리 알려지지 않았지만 그가 죽은 뒤에 다시 발견되었다.

괴테가 독자들을 위하여 인쇄한 『서동시집』도 역시 비밀스러운 개인적인 영역을 지니고 있다. 암시하는 바를 올바로 이해하는 것은 일부 사람이고 괴테 사후 수십 년이 지나서야 비로소 비밀이 벗겨졌다.

비평가 베리쉬가 그에게 이 시집을 인쇄하지 말라고 경고함으로써 그의 『아테네 시집』이 다시 햇빛을 받으며 출판된 것은 19세기 말이 되어서였다. 하나는 브라이트코프 2세에 의하여 인쇄된 작은 책에 수록되고 세 번째 책은 케트헨이 아니라 프리데리케 외저에게 보내졌다. 이 중 2편은 1789년 그의 작품집의 초판의 보충물로서 제18권에 들어갔는데 이것은 그의 서정시를 최초로 집대성한 것이다. 『괴테시집』으로 자신이 출판한 것은 1812년이다.

『공범자』에서는 거의 무엄하다고 할 만큼 굳건하고 자신에 넘쳐 경건한 수녀인 폰 클레텐베르크 양에게는 겸손하게 다가가서 『빌헬름 마이스터』에서 찬미한 것처럼 '아름다운 영혼'과 평화가 있고 방황하는 청년의 마음을 차분하게 해주는 백절불굴의 정신이 있다.

융의 독실함과 초자연적인 섭리 신앙을 괴테는 조금도 번거롭게 생각하지 않았다. 나중에 그는 융으로부터 사이가 멀어져 버렸으나 바덴바덴의 군주가 그를 추밀 고문관으로 임명하여 '모든 세속적 의무'를 면제시키고 서신교환과 저술에 의해 실제적 기독교를 진작할 것만을 그에게 의뢰했다.

또한 헤르더와의 만남은 괴테에게 큰 의미가 있다. 헤르더는 괴테에게 몇 가지 사제의 교훈을 남겼다. 알사스 지방의 시골에 산재해 있는 민요를 모으라고 했던 것이다. 헤르더는 괴테에게 원대한 세계이념과 더불어 괴테가 라이프치히에서 얻은 동시대의 문학세계와 그 후대에 관해 통찰할 것을 가르쳐 주었다. 괴테는 이미 가슴속에 간직하고 있었던 『괴쯔』와 『파우스트』를 머릿속에 정리하고 있었다고 한다. 어쨌든 그는 무엇인가를 창조하려는 힘을 감지했다. 괴테의 예감에 가득 찬 천재성에 관한 헤르더의 가르침이 바로 제때에 맞아떨어졌다.

슈트라스부르크에서 괴테는 헤르더의 소논문집인 『어떤 이탈리아인의 냉철하고 수학적인 시론』과 좋은 대조를 이루는 것으로서 『괴쯔』와 함께 게재하였다. 이곳의 대성당을 소재로 한 논문 〈독일 건축에 대하여〉는 담담하게 첨두 아치의 통계를 준마의 원형 아치나 고대의 둥근 천장과 비교 연구한 것이다. 슈트

슈트라스부르크의 뮌스터 성당(1750년경의 동판화)

라스부르크의 대성당은 괴테가 지금까지 보아온 대건축의 최초의 것이다. 괴테는 슈트라스부르크의 대성당이 그 윤곽을 유달리 드러내는 석양이 질 때를 제일 좋아했다. 이로부터 수년 후에 〈독일 건축에 대하여〉라는 송가를 지었고 그는 이 대성당을 찬양하고 이 성당의 건축가인 에르빈 폰 슈타인바하를 칭찬했다. 괴테는 이 인물을 알브레히트 뒤러와 나란히 옮겨 놓았다.

프리데리케 브리온의 부친은 세센하임의 목사였고 독자에게 〈세센하임의 목가〉를 연출해 보이기도 했다. 여기에 나타나는 여러 가지 형상을 그는 『색채론』의 비유를 사용하여 "영상의 되풀이"라고 부르고 있다. 『시와 진실』에서는 프리데리케를 그의 청춘의 가장 아름답고 유명한 애인으로 묘사하고 있지만 괴테는 그가 간직한 비밀을 완전히 감추고 있다.

세센하임의 목사댁(1770)

2. 체험과 창작

◀
크리스티네 프리데리케 빌헬민네
헤르쯔립(1789~1865)
(1807년의 양어머니 요한나 샤를롯데
프롬만의 수채화와 안료화)

프리데리케 자매가 슈트라스부르크를 찾아왔을 때부터 그는 두려운 생각을 갖고 있었다. 말을 달린 그날 밤에 이별의 추억이 괴테의 시 「만날 때와 헤어질 때」 속에 있다.

"나는 떠나는데 당신은 선 채 고개를 떨구고 촉촉이 젖은 눈으로 나를 전송했소. 그의 마음이 흐트러져 있었던가 그렇지 않으면 고의로 흔적을 흐트러 버리려고 했던 건지" 두 행을 고쳐서 "떠나가는 당신에게 나는 눈을 아래로 깔고 서있다"라고 하고 있다. 나중에 재차 고쳐쓰고 초고 형태로 돌렸다. 최초의 사랑의 동선으로부터 해방되어 결혼식장의 칸막이 사이로 들여다보는 사랑의 동선이 사라져 버렸던 것이다.

　　내 마음의 느낌을 알고 있는 아가씨여! 당신의 사랑스런 손을 나에게 내밀어 주오. 우리를 맺어 주는 저분이 결코 약한 장미 리본이 아니기를!

이 시도 양심을 찌를 듯한 아픔이 있다. 후에 고쳐 써졌고 "서슴지 말고 당신의 손을 내밀어 주오"라고 되었다. 그런데 「5월의 노래」에서는 아무런 수정도 하지 않았다. 이 시는 소박하게 대지와 태양, 나뭇가지의 꽃, 아침 구름 같은 사랑, 꽃에 아지랑이가 낀 푸른 들판을 찬미하고 각 시절은 서로 교류하면서 마지막 절로 유입되어 새로운 노래와 무도회의 청춘과 용기와 기쁨을 찬미하고 있다. 이 모든 것을 불러일으켜 준 소녀를 향해 그는 외친다.

"그대 나를 사랑하듯
영원히 행복하라"

프리데리케 브리온은 이 시구를 읽을 때마다 쓰라린 느낌으로 읽을 것이다. 그녀의 일생은 행복한 것이 못되었다. 세센하임의 프리데리케는 괴테가 그린 가장 아름다운 여성상의 하나였다. 프리데리케가 자극제가 되어 괴테의 최초의 자유로운 시가 탄생한 것이고, 또한 그녀가 괴테에게 있어서 생산적인 영향을 끼친 하나의 체험이 되어 이 체험과 함께 결합되고 있는 죄의식이 파우스트와 그레트헨 속에 시적 침전물이 되었다는 것도 부정할 수 없다.

괴테는 무계획적인 행위만으로 가득 차 있는 괴쯔 만년의 자서전에 손을 댄다. 늙은 괴쯔의 교활함과 빈틈없는 행동에 대해서도 언급된다. 그러나 옛날부터 물려받은 권리를 침해받은 사나이의 심정이 넘쳐 있다. 조국과 황제를 위해 선을 위해 싸우는 것이라고 말이다. 그는 백작을 감히 술고래 허풍선이라고 불렀고 비겁한 자는 꾀병을 쓰는 겁쟁이라고 비방한다. 괴쯔의 이런 담대성이 괴테의 마음을 끌었다. 아무리 역사상의 괴쯔가 자기의 자유로운 왼손으로 평온하게 자기를 정당화시키는 이야기를 썼다고 하더라도 거기에 구애될 필요는 없다. "이 인물을 열광 속에 죽게 하자. 자유여! 자유여!" 하고 철로 만든 오른손을 상징적으로 미래를 향해 들면서 말이다. "숭고하고 숭고한 괴쯔여! 그대를 옆으로 밀어버린 세기에 불행이 있으라 그대를 오해한 후세에 불행이 있으라." 이러한 모든 것이 단숨에 몇 주일 사이에 써내려져 갔고 이것들이 누이동생 앞에서 낭독되어진다. 그것은 한 폭의 그림으로 그린 두루마리 대화체의 연대기다. 괴테는 이 연극을 『철로 된 손을 가진 고트프리트 폰 베를리힝겐 역사극』이라고 했다.

괴테가 작품 『시저』나 『마호메트』를 완성하지 못했다고 해서 그것을 한탄하는 것은 무의미한 일이다. 그는 이들 모든 초안 중에서 『괴쯔』라는 정확한 선택을 한 것이고 그것으로 타당했다.

베즐라르의 롯데는 아니었다. 이 인물상은 다른 인물들로 보강되어진 것이다.

그러나 그녀는 이 세기에 필요로 했던 인물이었다. 이렇게 해서 우정과 연애가 시작된다. 이 사실이 소설을 통해 찬미되고 롯데 숭배의 원천이 된다. 롯데의 그림을 그는 그 후 프랑크푸르트의 자기 방 벽에 건다. 롯데 숭배의 시작이고 소설을 쓰려고 하는 단계인 것이다. 그러나 그것이 성숙하기 위해서는 아직 충분한 시간과 기타 여러 가지 체험이 필요한 것이다. 베쯔라의 로코코풍의 정경, 또 롯데의 가슴에 단 사랑스러운 리본 같은 것을 초월하고 있다. 신비로운 원초적 풍물, 작은 생물의 세계, 주인공의 신분의 싸움, 그리고 죽음, 모든 것은 한 몸이다. 이 죽음의 결말을 괴테는 마치 단을 두드리는 망치소리처럼 사정없이 울리게 한다. 낮 12시에 그는 죽었다. 주무관이 입회하고 조치를 취해 주었기 때문에 소동 없이 일이 끝나갔다. 밤 11시경에 주무관은 베르테르가 스스로 택한 장소에 매장하도록 했다. 유해를 뒤따르는 것은 그 노인과 사내아이들이었다. 알베르트는 갈 수가 없었다. 롯데의 생명이 단지 걱정이 되었다. 일꾼들이 유해를 운반했다. 성직자는 한 사람도 동행하지 않았다. 이런 침통한 문장을 괴테는 다시 쓰지 않았다. 헤른후트 교파의 귀족인 도르비유가 출신인 쇠네만 부인은 자기 딸 릴리가 이런 속된 일에 말려드는 것에는 반대였던 것이다. 또 하나의 시에서 노래 불려지고 있는 릴리는 일종의 동물원을 열고 있다. 괴테는 곰으로 릴리의 발 아래에서 비단실에 묶여 앉아 있다. 그는 으르렁대고 털을 곤두세우고 앉아 있다. 그녀는 마음이 내키는 대로 그를 채찍으로 때리고 이다금 그에게 벌꿀을 빨게 한다. 그는 자유를 찾아 신음하고 팔다리를 뻗고 아직도 나에게는 힘이 있다고 말하는 것이다. "괴테는 지금 유쾌하게 놀고 있습니다"라고 어떤 편지에는 쓰여져 있다. "그는 무도회에 가서 미친 사람모양 춤추고 있습니다. 여성들 사이에서 붙임성 있게 행동하고 있습니다. 이런 일은 전에는 없었던 일입니다." 그는 릴리와 함께 산책을 나간다. 그리고 그때의 양상을 멀리 아우구스트에게 이렇게 써보낸다. "승마복을 입은 천

2. 체험과 창작

사의 모습을 보여드리고 싶습니다." 릴리에의 사랑은 시 속에 아직 얼마의 여운을 남기고 있고 그 후로부터 25년간 오랫동안 잊혀진다. 전기중의 '가장 행복한 나날'을 묘사하는 일을 괴테는 죽는 날까지 계속한다. 두 사람 사이의 편지는 없어져 버렸다. 그의 시작품 중에서 릴리의 흔적은 극소수밖에 남아 있지 않다고 하는 사실은 그만큼 괴테의 애정이 강하다는 것을 나타내는 말이다.

바이마르 도착 1주일 후에 궁정여관의 샤를롯데 폰 슈타인 부인을 알게 된다. 그녀는 괴테에게 호기심을 일으켰다. 『베르테르』는 그녀에게 그렇게 마음에 들었던 것은 아니고, 『괴쯔』는 전혀 공감을 가질 수 없었음에 틀림없다. 슈타인 부인은 냉담한 부인이었고, 언제나 흰 의복을 입고 우아하게 행동했다. 혈색은 좋지 않았으며, 정열적인 사람과는 거리가 멀었지만 확실히 감정은 풍부했다. 그 당시 관습에 따라 양친에 의해 재산가이고 얼굴이 잘생긴 사마장인 슈타인은 궁정의 가난한 여관인에게는 좋은 결혼상대였다. 그녀는 7명의 아이를 낳았지만, 남편이나 자손들에 대해 별로 신경을 쓰는 편이 아니었다. 이 연애는 확실히 괴테

샤를롯데 폰 슈타인
(1780년의 자화상에 따른
G. 볼프의 강판화)

같은 사람에게는 오래 계속될 수 없는 정열이었다. 슈타인 부인은 정성을 쏟았고 괴테는 그것을 받아들였다. 10년간의 긴 사랑의 역정은 끝이 났다. 괴테의 생애에 비하면 이것은 긴 세월이다. 괴테가 한 여성에게 집중적으로 바친 긴 세월이다. 괴테가 슈타인 부인을 자신의 받침이며 중심점으로 찾았던 이 기간에는 수축과 집중만이 있었던 것은 아니다. 그는 호메로스와 스피노자의 1절을 샤를롯데에게 낭독해 준다. 그의 유일한 독자인 그녀에게 직접 쓴 그의 최초의 시집을 바친다. 슈타인 부인은 괴테가 자기에게 바친 시집의 페이지를 여기저기 뒤적거리면서 「달에 부쳐」라는 시의 개작을 시도하기도 했다.

> 그대는 나의 들판 위로
> 그대는 부드러운 시선을 펼쳐 주도다.
> 가장 사랑하는 자의 온화한 눈동자가
> 내 운명 위를 지켜보고 있듯이

그녀는 다음과 같이 수정한다.

> 친구의 부드러운 눈동자는
> 인제 다시 돌아오지 않도다.
> 내 마음으로부터 그의 모습을 지워다오.

바이마르에서는 많은 작가들이 그들 나름대로의 창작에 종사했다. 슈타인 부인, 안나 아말리아, 시종들, 공작까지도 그렇다. 시나 연극을 만든 것은 직업이 아니라 트럼프놀이와 마찬가지로 오락이었다. 시나 연극의 대사는 가끔 작은 카드에 써서 돌려졌다. 모든 사람들이 아마츄어 연극에 참가하는 것이다. 가난한 궁전은 전문극장을 구비할 수 없기 때문이다. 대사를 외운다든지 하는 일은 번거롭기는 하나 공작도 함께 참가한다. 괴테는 여러 가지 역을 맡는다. 그도 또 자기 배역의 대사를 외워야 하는 것은 싫어서 오히려 즉흥적으로 해치우는 것을 좋아했다.

괴테는 『어부의 딸』이라는 오페레타 작품에서 강기슭의 밤의 풍경을 렘브란트풍으로 한다. 일름 강변 풍경이 그 배경이다. 손에 횃불을 들고 사라져 버린 어부, 어부의 딸 도르트헨을 찾아 사람들은 강기슭을 샅샅이 뒤진다. 그녀는 자기가 가장 사랑하는 애인을 불안에 떨게 하려고 생각하고 있는 것이다. 아궁이에서는 불이 달아오르고 있다. 여기저기 어둠 속에서 외치는 소리가 울려나온다. 그리고 마지막에 가서는 화해를 하게 된다. 이 장면에 대해 "이렇게 훌륭한 효과를 나는 본 일이 없다"고 괴테는 이후에 쓰고 있다. 이 소품 속에서 당시 『마왕』이 남겨졌다.

이러한 장면이나 시상효과가 마음에 들었던지 괴테는 『파우스트』 안에까지 이것을 갖고 들어갔다. 괴테는 코로나에 대한 흠모의 정을 시 속에 써넣고 있다. 때마침 유능한 궁정 목수였던 미당이 죽었다. 그는 아마츄어 연극의 장치를 멋지게 무대용으로 만들어 낸 사나이로 사실 바이마르에서는 없어서는 안 될 두고두고 아쉽게 생각되는 인물이다. 괴테는 이 시기에 쓴 것 중에서 가장 긴 시를 그에게 바쳐 그를 자연의 감독장이라고 하면서 한없이 찬양하고 유랑극단의 여배우들을 노래한 시구를 이 시 속에 삽입하고 있다. 아름다운 코로나가 적어도 의상이나 몸 동작이나 그리스적인 윤곽 같은 점에서 괴테의 『이피게니에』에 그녀 나름대로의 공헌을 했다는 것은 의심할 여지가 없다. 물론 그녀 나름대로의 것이기도 하나 아마 그것은 언제나 우리가 끄집어내곤 했던 슈타인 부인이 다한 역할보다도 더 큰 것이 아니었을까? 어쨌든 이 괴테가 바로 얼마 안 있어 지나치게 인간적인 희곡, 인간성의 숭고한 노래인 『이피게니에』에서 산사람을 제물로 바친 것과 관련이 있다고 하는 것은 시적 창조의 불가사의한 아이러니라고 말하지 않을 수 없다.

"순수한 것에 대한 이념이 내가 먹는 양식에 이르기까지 점점 더 내부에서 밝아지도록" 이렇게 이 작품을 쓰고 있는 나날에 메모를 하고 있다. 이피게니에는 "순수한 영혼"인 것이다. 또 물론 영혼 이외의 아무 것도 아니다. 그녀는 여신관이고 누이이고 생각건대 죽은 그의 누이동생인 코르넬리아의 추억이 현존하는 누이인 샤를롯데 폰 슈타인의 존재와 하나가 되어 거의 그의 마음을 움직였을 것이다. 이피게니에는 본인 자신이 가지고 있는 순수성에 의해 남동생을 구하는 것이다. 이피게니에는 원래 위대

코르넬리아 괴테(1750~1777)
(괴테의 석판화)

한 모성애에 의거한 것도 아니고 이상의 인물상이며 동경과 희망의 대상인 것이다.

독일 고문관인 폰 괴테는 곧 여행을 떠나 계획대로 여기저기 근방에 있는 궁정을 방문한다. 그는 이전보다 더 엄하게 정무를 다스린다. 공작의 사재 관리자에게는 이전보다 더 엄중한 계산서를 요구한다.

공국의 예산과 공공의 예산은 언제나 뒤섞여 있다. 샤를롯데 폰 슈타인과의 이별도 준비된다. 그녀의 하소연에 따르면 이제는 괴테와는 서로 이야기를 나눌 수 없고 함께 있어도 찾을 수가 없다는 것이다.

이것은 단순히 여성 특유의 신경과민만은 아니다. 왕복편지는 계속되고, 그는 최종적인 이별 1년 전에 다음과 같이 쓰고 있다.

"서로 얼굴을 맞대고 이야기를 나누는 일은 이제는 불가능한 것처럼 생각되기 때문에 나는 당신에게 인연이 완전히 끊어지지 않고 지속된다는 사실을 알리기 위해 편지를 하고 싶습니다."

이것은 이미 고별작이다. 비록 다음과 같이 말하고 있지만 말이다.

"나는 떠납니다. 그러나 나의 마음은 여기 머물러 있습니다. 당신으로부터 떠나고 싶지 않고 어디를 가든지 당신과의 재회를 원하고 있습니다."

괴테에게는 가끔 심한 논쟁의 원인이 되는 과학 분야의 우선권의 문제가 그의 『괴쯔』 또는 『베르테르』의 초판보다는 훨씬 중요했다. 그는 얼마 안 있어 그 초판본을 잃어버렸고 그런 것은 아무래도 좋다고 생각하고 있었다. 그는 뼈의 발견을 비밀로 해주었으면 좋겠다고 원했던 것처럼 비밀리에 도망을 준비하고 있었다. 그는 칼스바트의 온천장으로 가는 샤를롯데와 동행한다. 그녀가 떠나가 버렸을 때 "나는 언제나 당신과 함께 잘 지내고 싶습니다"라고 그는 그녀에게 쓰고 있다. 칼 아우구스트에게는 기간을 밝히지 않은 일종의 휴가원을 쓴다. 자기는 바이마르에서는 필요 없는 인간으로 전혀 알려지지 않은 곳에 몸을 잠적해 버리고 싶다고 한다. 그는 이탈리아라는 말을 언급하지 않는다. 충실한 자이델만이 이탈리아의 주소를 알고 있고, 물론 수신인은 알려주지 않았다. 로마에서는 장 필리페 뮐러(당시에 사용한 괴테의 가명) 화가가 1786년 9월 3일 아무도 여행출발을 알지 못하도록 이른 새벽 3시에 출발한다. 괴테는 역마차를 타고 여행길을 떠난다. 짐은 수렵용의 배낭과 여행가방뿐이었다.

　『이탈리아 기행』이 1816년에 출판되었을 때 로마의 독일인 예술가들, 모든 괴테 숭배자들은 한마디로 실망했다. 예술과 정신생활의 역사는 여러 가지 오해에서 성립되고 있다. 이 여행기도 나중에 「이탈리아 괴테와 함께」라고 하는 안내서로 이용되기에 이르렀다. 만약 괴테적 본성의 소유자가 아니라면 이 여행기는 전혀 안내서로서는 소용이 없다. 괴테가 보는 바로는 스케치도 그의 시작의 능력을 촉진시킨 데 지나지 않았다. 괴테는 자기 작품의 출판을 진척시키지 않으면 안 되었다.『타쏘』, 『이피게니에』,『에그몬트』등 말이다. 물론『파우스트』는 아직 그의 뜻대로 되지 않아 겨우 한 장면만을 썼을 뿐이었다. 괴테의 불피우스와의 최초의 몇 해는 이러한 기쁨으로 채워져 있었다. 괴테는 그의 시 가운데서도 가장 경쾌하고 기쁨에 찬 시구를 쓰고 있었다. 그는 로마의 추억을 크리스티아네에 맞추어 시작하고「로마의 비가」에 있어서 이 사랑의 가장 아름다운 기념비를 세웠던 것이다. 사랑은 이 여성에 대해 어느 시 속에서 표현하고 있는 것처럼 "현란한 육체"에의 이교도적인 사랑이다. 그녀는 거의 정신적인 요소를 가지고 있지 않았다. 그리고 그는 그것을 즐거워하는 것이다. 그는 그녀의 따뜻함, 생활력, 그리고 명랑함을 기뻐한다. 매일 매일을 함께 생활하는 일에서 마치 덩굴처럼 그에게 엉겨붙은 많은 가느다란 실을 그는 물론 나중에는 강한 속박으로 느끼기에 이르렀다. 그의 비가「아민타스」에서 애인은 그에게 속박으로 되어 나타나 한없이 많은 힘줄로 그의 생명의 나무뿌리 속으로 먹어 들어가 영혼이라는 골수를 다 빨아먹어 버리는 것이다. 여기서도 그의 절대로 없어지지 않는 삶의 불안이 표현되어져 있다.

   크리스티아네는 50세로 요독증을 앓고 솟아오르는 물 치료 때문에 심한 고통 속에 죽는다. 비가「아민타스」는 크리스티아네와의 일상생활에 있어서의 불유쾌한 관계의 변명인「로마의 비가」를 작품 내용에 있어서 훨씬 능가하고 있다. 그녀는 결정적으로 안식, 평정, 화해를 중시하는 존재 그 자체이다. 이와 같은 그녀의 존재에 비하면 철학적 사변으로만 성립되어 있는

『파우스트』 같은 것은 하나의 환상에 지나지 않는 것이다. 물론 이러한 환상을 만들려고 하는 시도는 이미 충분히 행해져 온 것이다. 그러나 크리스티아네에 대한 이러한 관계의 자유만이 성적 사랑을 그처럼 천진난만하게 취급하는 자유를 괴테에게 주었던 것이다. 이 관계에는 그로테스크한 특징도 없는 것은 아니다. 그는 변형이라고 하는 세계를 뒤흔들 수 있는 이념을 이해시키려고 하는데 이것이 또 그녀가 이해할 수 없는 말인 것이다. 그러나 그에 의하면 아주 단순한 이행 연시로 이것을 다음과 같이 요약한다면 쉽게 이해될 수 있다.

> 애인이여, 당신은 당황해하고 있군요
> 수천 가지의 꽃들이 이 정원에 가득 피어있는 것을 보고서.

이제 여기서 그가 발견한 식물학의 법칙 즉 유기적인 성장법칙을 그녀 앞에 전개하여 보인다. 시와 특히 크리스티아네의 육체를 위해 쓰여진 시뿐만 아니라 많은 스케치가 이 연애관계를 말하고 있다. 가장 아름답게 이야기하고 있는 것은 아마 느긋하게 화장할 때 입는 옷을 입고 얼굴 주위에 고수머리 머리칼을 풀고 소파에 앉아 졸고 있는 한 장의 스케치일 것이다. 괴테는 이 모습을 정다운 시로 노래부르고 있다.

> 오늘밤 내가 다시 이 천사를 만날 때
> 아, 그녀는 얼마나 기뻐할 것인가
> 나에게 이중으로 보답하여 준다.

눈썹까지 드리워진 머리칼의 짜임새 있는 머리가 그려져 있고 크리스티아네의 한쪽 얼굴은 미소를 짓고 장난기 섞인 기쁨을 나타내고 다른 한쪽은 엄숙하게 생각에 잠겨 있는 것이다. 라이프치히의 출판인 요하킴 괴쎈은 실러, 비일란트, 레싱과 클롭슈톡의 최초의 출판인이 된다. 독일 최초의 시인 작품의 저작집은 작고 얇은 판의 8권 짜리였는데 이 저작집에는 『에그몬트』, 『이피게니에』, 『타쏘』, 『파우스트』, 단편 그리고 괴테의 시집이 포함되어 있다. 그러나 독자의 반응은 냉담했고, 확실히 실패였다. 작가로서 일어서려고 한다면 『괴쯔』와 같은 기사곡을 다시 쓰고 『베르테르』 이야기를 써두는 것이 제일이라는 것은 괴테에게도 명백해졌다. 『타쏘』와 『이피게니에』의 시인상이 정착되자 그는 영혼의 실내음악을 가지고 섬세한 영혼이 깃든 사람들을 새로운 「로마의 비가」를 통해 놀라게 한다. 바로 뒤에 연극소설인 『빌헬름 마이스터』가 나타나고 독일인 남녀의 전형이라고 할 수 있는 『헤르만과 도로테아』가 일반에게 공개된다. 괴테는 『에그몬트』를 갖고 정치적 드라마를 쓰려고 했다. 실러는 『에그몬트』가 출판되자 신랄하게 비평했다. 실러에게 문제되는 것은 스페인의 압제에 대한 네덜란드의 해방전쟁인 것이다. 민중이 모든 애정을 에그몬트 백작에게 쏟아 에그몬트 백작에게서 구원을 기도하고 썼다면 당사자인 에그몬트 백작은 위대함과 진지함을 겸비한 인물로서 우리 앞에 나타나야 한다. 그런데 에그몬트는 그의 애인과 사랑에 푹 빠져 어떤 충고도 받아들이지 않는다. 괴테는 연극 전체를 허약한 것으로 삼지 않으려면 정치적 사건을 배제해서는 안 되었다. 그 때문에 괴테는 에그몬트 백작의 적대자의 인물상을 만들기에 부심하였다. 괴테가 베르테르를 씀으로써 베르테르의 병으로부터 치유되었던 것처럼 말이다. 괴테는 사람들이 『타쏘』를 드높여진 『베르테르』라고 해석하는 것을 좋아했다. 『타쏘』는 괴테의 가장 위대한 예술작품인 것이다.

　괴테는 세상에 태어난 지 얼마 안 되는 아들과 함께 가정에 있는 사랑하는 크리스티아네를 해변가에서 스스로 발견한 진주에 비유하고 있지만 그는 그 진주의 보호를 바이마르의 친구들의 마음에 맡기고 자신은 1796년 반년 동안이나 바이마르를 떠났다. 그레트헨 같은 여성이 그의 긴장해소의 욕구를 만족시켜 주지는 않았다. 더 강한 자극제가 필요했으며 그는 아무런 주저함이 없이 그것을 스스로에게 쏟고 거리낌없이 그것에 대해 이야기하고 쓰기도 하였다. 슈타인 부인과의 교제가 그에게 가져다 주었던 사회적인 속박은 이미 로마에서 그 후 크리스티아네와의 관계에 의해 깨뜨려져 있었다. 이제 이러한 속박은 전혀 없고 스스로 고대인인 것처럼 생각하고 이교도처럼 자유로운 것이며 고대의 시행에 따라 아주 경쾌하고 분망한 체험을 시로 써서 이것을 태후에게 바치는 것이다.

　괴테는 『시와 진실』 속에서 자기 자신의 발전을 시적으로 해명하면서 그가 이미 소년시절에 아버지의 탁물 표본수집에서 그 자신의 자연계단을 건립하여 예배를 올리기 위해 향내나는 양초에 불을 켰다고 적고 있다. 나중에 헤르더를 통해 한층 더 친숙하게 알게 된 스피노자는 그의 이런 감정이 진실됨을 보여주는 것이었다. "신은 즉 자연"이라고 철학자 스피노자는 말한다. 이것이 괴테에게 있어서 핵심이 되는 명제인 것이다. 이 명제는 자연에 바치는 시나 산문 형식의 송가 속에 시적으로 형상화되기도 한다. 바이마르를 방문한 스위스인 토블러는 "자연"이라고 표제가 붙은 이런 단편을 기록하고 있지만 자연 감정을 다시 표현한 것이다.

괴테는 노년기에 이르러 누가 이 단편을 그의 앞에 내놓았을 때 자기의 것이라고 인정하기를 주저하였다. 세계의 여러 가지 현상의 근본에는 규정되어지지도 않는 스스로 모순되는 본질이 있다고 생각되는 것에서 일종의 범신론의 경향을 보이고 있었다.

괴테가 라바터에게 다음과 같이 쓰고 있다.

"우리의 정신적, 정치적 세계 아래에는 지하도나 지하실 그리고 하수구가 파여져 있다는 것을 믿어 주십시오!"

이와 같은 감각을 갖고 그는 『공범자』 속에서 외관상으로는 정말이지 안전하게 보이나 프랑크푸르트의 시민생활에 있어서의 지반은 불안하기 그지없다는 것을 느끼고 있었다.

괴테의 혁명과의 대결은 작은 무대 작품으로 끝나지 않고 규모가 큰 내용을 가진 작품에도 상승하고 있다. 하나는 시민 서사극인 『헤르만과 도로테아』이고 다른 하나는 미완의 3부작의 제1부인 『의붓딸』이다. 여기에 이르기 전에 그는 파리 방문 보고나 시민장군을 가장한 이발사의 이야기뿐만 아니라 이것보다도 훨씬 많은 것을 듣지 않으면 안 되었다. 프랑스 국왕을 해방시키고 파리 소동에 결말을 내는 간섭 출병이 계획되어 있었기 때문이다. 칼 아우구스트는 프러시아의 연대지휘관으로 이에 참가한다. 그는 괴테가 자기와 행동해 줄 것을 희망한다. 괴테는 마음이 내키지는 않았지만 동행에 동의하고 뉴턴에 관한 비망록, 색채에 관한 수기, 겔러의 대물리학사전을 트렁크에 넣고 공작의 뒤를 쫓는다.

 괴테의 만년의 작품인 『프랑스 원정기』는 독특한 매력을 갖고 있다. 그것은 주제를 갖고 있다. 또한 주제를 재치있게 맞추면서 용의주도하게 구성되어져 있다. 『색채론』 쪽이 언제나와 같이 마찬가지로 더 중요한 일이었다. 프랑스의 지배자는 황송하게도 자기의 형 때문에 억지로 선전포고를 강요당하였다. 선전포고는 독일 황제 앞으로가 아닌 보헤미아 헝가리 국왕 앞으로 보내진 것이다. 따라서 신성로마제국은 이 일에 관여하지 않고 아직 존재하고 있던 제국 군대도 이 원정에는 참가하고 있지 않다. 이와 마찬가지로 바이마르 공국은 참전하였던 것이다. 왜냐하면 프러시아도 보헤미아 헝가리 국왕 편에 붙어 있기 때문이다. 그러나 2년 전까지만 해도 프러시아는 오스트리아에 대한 전투를 위해 보헤미아 국경을 따라 군대를 집결시키고 있었다. 칼 아우구스트는 그가 지휘하는 중기병과 함께 슐레지엔으로 향해 이동하고 있었다. 그리고 괴테도 그를 동행하여 로코코 시대의 스타일로 다음과 같은 시를 쓰고 있다.

 "전투선을 불태워 우리는 말을 달려 슐레지아의 언덕으로 올라가 용맹스런 눈으로 전방의 보헤미아를 깊숙이 바라본다. 그러나

한 사람도 모습을 나타내지 않고 여자의 모습도 보이지 않는다.
　오, 사랑의 동신 큐핏이여, 군신 마르스가 우리를 속이는 것이라면 당신이라도 우리에게 전쟁을 걸어 오라."

　브라운슈바이크 공의 탄약부족으로 전투중지 명령에 위험을 무릅쓰고 말을 타고 정찰하러 나간다.
　추밀고문관은 혼자서 문관의 갈색외투를 입고 전쟁터를 가로질러 '월광'분 농장 위에까지 올라가 계속 앞으로 나아간다. 그들은 괴테를 데리고 돌아가려고 하지만 고집을 부리면서 말을 앞으로 몬다. 날아오는 포탄의 굉음 가운데 그는 실제로 이러한 경험을 쌓아간다. 그리고 그는 천천히 말을 돌려 돌아간다. 전쟁일기와 여행일기는 뒤셀도르프에서 불살라 버렸다.
　괴테와 실러 두 사람의 관계는 우정이라기보다는 오히려 투쟁인 것이다. 그러나 그리스인들의 경쟁에서 보는 것같이 아주 결실이 풍부한 투쟁이다. 두 사람은 그들의 우정에서 최대의 이익을 얻었다. 실러는 비로소 그의 주요작품으로 위대한 희곡을 여러 개 쓰게 되고 괴테는 예의소설을 완성시킨다. 그는 실러의 격려를 받고 이 친구가 출판하는 연감에 큼직한 담시를 썼고 무엇보다 서사시 『헤르만과 도로테아』를 썼다. 『파우스트』는 이미 거의 단념한 채 모든 것을 포기하려고 했던 괴테는 시인으로서 재출발하게 된 것이다. 실러와 만나고 난 후 괴테는 자기의 아주 큰 재능과 사명으로부터 도주하려고는 생각지 않았다. 그런 의미에서 이 우정은 생애의 한가운데 있어서 큰 결정적 의의를 갖고 있고 전기라고도 할 수 있는 것이다. 괴테의 많은 변태 속에서 이것이야말로 그를 크게 변하게 한 것이었다.

괴테의 『헤르만과 도로테아』는 6운각의 서사시로 이 고대 시형은 이미 호메로스의 번역자인 포스가 널리 퍼뜨렸다.

보리수 나무 아래의 목사관, 신랑의 방문, 혼례식, 그의 정원의 목가인 「루이제」는 높이 찬양받고 있었다. 괴테도 포스의 이 시를 감격하면서 노래 부르는 것같이 즐겨 낭독한 일이 있었다. 서사시의 각 장은 헤로도토스에 있어서처럼 뮤즈의 아홉 여신들의 이름 밑에 배열된다. 아가씨는 도로테아라는 그리스식 이름이 주어진다. 젊은이는 고대 독일의 영웅과 마찬가지로 헤르만이라고 이름이 붙여진다. 자기보다 잘사는 신붓감을 생각하는 아버지를 거역하고 마지막에는 용감하게 무기를 손에 대려고까지 한다. 이것은 괴테가 그린 남성상 중에서 영웅적인 성질을 확실히 드러낸 유일한 것이다. 다른 작품에서는 영웅적인 데가 거의 나타나지 않는다. 줄거리의 진행은 생각할 수 있는 한 단순하다. 괴테는 출중한 구성기술에 의해 역점을 안배한다. 이처럼 여러 번 삽화의 장면에 의해 강하게 독자의 의식 속에 아로새겨진 작품도 없다. 6운각의 시는 아주 가볍게 취급되고는 있지만 독자에게는 상당히 힘을 들이게 하는 것이다. 천 번의 몇 줄이나 이 서사시의 어느 시구를 보더라도 괴테의 운에 이처럼 많은 효과를 발휘한 것은 없다. 그런데 이 목가는 괴테의 가장 인기 있는 작품이 되었고 그 인기는 사회의 상층부에 호소된 『베르테르』를 훨씬 능가하는 것이었다.

실러와의 우정의 긴 세월 동안에 저술된 괴테의 걸작 『빌헬름 마이스터의 수업시대』는 모두 4권인데 프리드리히 슐레겔은 이 작품 속에서 "시대의 가장 위대한 경향 중의 하나"를 보았다. 이 작품은 괴테의 전생애에 걸친 긴 역사를 갖고 있다고 했다.

이미 바이마르 초기의 10년 동안에 여러 번 중단을 거치면서 초고인 『빌헬름 마이스터의 연극적 사명』이 탄생했고 이것이 10년 후에 『수업시대』로 개작되었으며 25년 후에 『편력시대』가 출판되었다. 이 『편력시대』는 제 I 부로서 예고되어 있었다. 애초에는 『연극적 사명』을 쓸 작정이었다. 거기에서 발전소설, 교양소설 즉 『수업시대』가 성립됐다. 빌헬름이 편력여행을 하면서 높은 교양으로서의 이탈리아 체험을 거쳐 제자에서 마스터로 발전해 가는 식으로 계속하기로 되어 있었다. 결국 『편력시대』는 이제 소설이 아니라 괴테의 노년의 지혜, 교육, 세계, 인간에 관한 그의 사상의 집대성에 지나지 않는다. 주인공인 빌헬름은 거의 괴테의 시야에서 사라져 있다. 빌헬름은 장래의 생활에서는 외과의사로서 검소하고 실무적으로 살아가게 된다.

라이프치히의 학생시절 유명한 극단의 여자 단장인 노이버린 부인에 대해서는 이미 여러 곳으로부터 익히 듣고 있었다. 그녀가 조잡하고 낡아빠진 대목장 스타일이나 야비한 즉흥극, 주된 인기물인 어릿광대극을 폐지하려고 생각하고 있었던 것도 알고 있었으며 거기에는 사명이라는 생각도 포함되어 있었다. 노이버린보다도 스승인 고트쉐드의 경우에는 확실히 그러했다. 노이버린 부인 측근에는 『빌헬름 마이스터』의 또 하나의 다른 기본 모티브도 싹트고 있었다. 레싱의 최초의 희곡은 목사인 부모를 슬프게 만들었지만 이미 노이버린 부인이 이것을 무대에 올리고 있었다. 유랑극단의 시나리오도 작가도 학생도 연극을 하고 떠돌아다녔던 것이다. 이전의 배우들과는 달리 이들 대학생들은 여러 가지 높은 사상을 갖고 있었다. 독일이 아직 국가의 형태를 이루고 있지는 않았다 해도 국민극장이나 국민문학의 정도는 갖고 싶다는 생각이었다. 국민문학은 이제 탄생하고 있는 것이다. 레싱, 괴테, 클링거렌쯔 같은 사람들의 작품이 이전에는 빵과 버터를 위한 각본

요한 크리스토프 고트쉐드(1700~1766)
(1750년경의 J. J. 하이드의 메조틴토 요판)

밖에 없었던 무대상연 목록에 받아들여지기에 이른 것이다. 국민극장의 성립까지에는 더 시간을 기다려야 했다. 연애소설을 의도하고 있었던 것처럼 보이는데, 마리아는 『사명』의 진행 속에도 이제 모습을 나타내지 않는다. 여행 겸 모험소설이라고 되어 있지만 그렇다고 하더라도 그것은 6권 중에서 제3권부터 시작한다. 숲 속에서 도적 습격을 제외하면 큰 모험이 하나도 없다. 편력 여행길로의 더 높은 비용을 부여하는 것으로서 주인공을 귀족사회로 인도할 것을 기획하고 있다.

　괴테가 전에 바이마르공의 애인 베르테르 백작부인을 방문했을 때 그 세계에 그는 완전히 매료되었던 것이다. 그 흔적이 여기에서도 엿보이고 있다.

괴테는 『색채론』의 주요 부분을 완성하고 있었다. 그것은 빛과 암흑의 투쟁을 취급한 부분으로 괴테는 색채란 "빛의 능동과 수동"이라고 말하고 있다. 1806년 파국 이래 그는 열병에 걸린 것처럼 이 일에 매달렸는데 그래도 이 일생의 작업이 수포로 돌아가지나 않을까 하고 두려워했다. 왜냐하면 이 학설을 자기 생존의 기반이라고 생각하고 있었기 때문이며 결코 연구나 과학적 토론을 위한 사사로운 기여라고는 생각하지 않았기 때문이다. 그것은 과학이 아니라 인생론인 것이다. 그것은 그의 개인적인 기본적 견해에 뿌리를 두고 있는 것이고 실러와의 대화 속에서 비로소 개념으로서 정확성을 얻기에 이른 것, 즉 만물의 양극성과 상승의 원리로 구성되었고 상승이 그의 목표이다. 이제 자연현상 세계에서 그 실례와 증거를 찾지 않으면 안 된다. 이런 『색채론』이 독자들 앞에 제시된다.

색채론을 끝내면서 괴테는 생애 최대의 무거운 짐을 벗어 놓게 되었고 이리하여 그의 유일한 대적 반대자도 없애 버리게 되었다. 괴테는 이제 숨을 돌릴 수 있게 되었다.

비일란트, 실러, 헤르더, 라바터 같은 오랜 세대의 시민이나 저술가들의 죽음과 함께 괴테는 이제 젊은 사람들에게는 이미 역사가 되어 버린 시대의 유일하게 살아 남은 위대한 자인 것이다. 아말리에 태후도 마지막에는 비일란트와 얼마 안 되는 군소 시인들에 의해 은근히 연명되어 갔지만 이미 전설로 되어 있었다. 리머 박사는 대변인 내지는 의전관 격이었다. 그때까지 상당히 소홀하게 굴었다. 아들 아우구스트의 교육 담당자로서 괴테의 집에 들어온 그는 얼마 안 있어 없어서는 안 될 인물이 되었다. 그의 소설 『친화력』은 『빌헬름 마이스터』의 작업을 계속하고 있는 사이에 탄생한 것이다. 마이스터의 작품을 진행하는 중에 괴테는 되풀이하며 시도했다. 또한 몇 개의 단편소설도 탄생했다. 그 중의 하나가 예상외로 커져서 그것을 떼 내어 한 편의 장편소설로 만들어 보려고 결심했던 것이 이 소설이다. 소설은 괴테가 이미 『빌헬름 마이스터』 속에서 이상으로 그리고 있었던 귀족사회에서 행해진다. 여기서는 그것이 한층 더 모든 현세적 관계로부터 떨어져 나가고 있다. 괴테의 생활권에는 확실히 이 때문에 괴로움이 될 일은 발견되지 않는다. 괴테는 마리안네와 다시 만나는 일이 없었다. 시에 있어서 용암은 흘러나와 이렇게 해서 『서동시집』의 심장부라고 할 수 있는 「술라이커」 시가 생긴 것이다. 그리고 남모를 사랑의 예찬은 먼 거리를 넘어 사랑의 사자인 후드 새의 힘에 의해 삶의 기념비로써 세워졌다. 마리안네는 이 새를 종려나무의 지팡이에 새기게 하고 그것을 괴테에게 선사했다. 그 여행 지팡이를 마인 강변에로의 새로운 여행에 써 달라고 남몰래 소망했을 것이다. 시인은 그것을 책상 옆에 세워 두고 있다. 『서동시집』이 처음 나왔을 때 동시대 사람들은 대부분 실망했다. 그리고 오랫동안 『서동시집』은 노년기의 작품이라고 보아왔던 것이다. 마리안네의 비밀이 알려지고 난 후부터 마리안네 숭배가 시작되었던 것이다. 이것에 이어 속속들이 다른 괴테의 애인들의 숭배도 일어났다. 이 책은 종합예술 작품이라고 할 수 있다. 이 책은 '세계의 거울'로 되지는 못했지만 괴테를 비치는 거울은 될 수 있었다.

비가는 괴테에게는 특별한 위치를 차지했다. 그러나 이것을 넣을 그릇이 필요했다. 3부작이라는 예술적 문제는 이따금 괴테의 마음을 사로잡았던 것이다. 그러나 『판도라』에서나 『의붓딸』에서도 그 계획을 완수할 수는 없었다. 이 시에서 그것은 성공을 거둔 것이다. 괴테는 자기의 베르테르에게 바치는 5절의 시를 그 앞에 놓는다. '많은 눈물을 자아낸 유령들에게' 바치는 가슴이 쓰린 시구인 것이다. 그 그림자는 정감 넘치는 미소를 띠면서 작가를 뒤로 남기고 간 그것이었다. "나는 머물러 있어야 했고 그때는 많은 것을 잃지 않았다. 재회로 이별에 대한 추억을 자극시킨다."

그리고 마지막으로는 음흉하게 떼어 놓고는 작별을 하라고 고집한다. 이별은 바로 죽음을 뜻한다. 이 뒤에 저 무자비한 경구와 함께 비가가 계속된다. 그러나 이번에는 비극으로 끝나게 되지는 않는다.

시마노브스카에게 바치는 서간 「음조와 사랑과 그 중의 행복」의 시구에 의해 존경의 음조를 이루는 것이다. "정열의 3부작"이라고 그는 이 전체의 시를 불렀다.

요한 페터 에커만은 전에도 과묵한 사람은 아니었다. 이 인물을 괴테는 바이마르에서 꼭 붙잡아두어 자기 생애의 유일한 과업을 실현시켰던 것이다. 즉 괴테에게서 들은 것을 짧게 요점만 적어둔 것을 정리하여 작품 『시와 진실』을 만들어 내는 작업이 그것이다. 이것이 『괴테와의 만년의 대화』와 맥을 같이 한다. 이것은 괴테의 마지막 위대한 작품이고 새로운 형식의 표현으로서 이제 최고령에 이르러서도 그에게 가능한 최후의 형식을 의식적으로 시도한 것이다.

　괴테 생애의 마지막 시기의 위대한 기적은『파우스트』의 완성이다. 괴테는『파우스트』에서 가장 높은 요구를 내걸고 있다. 그는 풍채, 눈짓, 희미한 암시에도 주의를 기울이도록 기대하고 있는 것이다. 그러나 그는 그것을 절대로 모든 사람들에게서 기대하고 있는 것은 아니다『파우스트』는 여러 가지 변천에서 성립되고 있다. 괴테 자신이 변했고 그 장면 중의 인물상도 변했다. 한 작품에서 집약된 이 변태의 계속 그것간이 동일한 것이다. 그의『색채론』속에서는 별과 암흑이라는 두 개의 힘과 상극의 다양한 활동이 전개된다. 그것이 문학으로 된 경우에『파우스트』라는 다채로운 활동이 되는 것이다. 메피스트는 처음에는 전통적 유혹자로서 지옥의 사자였지만 파우스트의 '반려'가 되어 그 짝이 되고 이따금 옛날 연극에서처럼 불평가에 지나지 않을 때도 있다. 쉬지 않고 자기의 작품에 대해 질문받기 때문에 괴테는 그럴 때면 이렇게 말하고 있다. "제Ⅰ부는 더 한층 편견을 가진 더 정열적인 개성에서 생긴 것이다. 물론 이 절반은 사람들에게 크게 호감이 가는 것이겠지만" 하고 덧붙이고 있다. 그런데 제Ⅱ부에서 나타나는 것은 하나의 더 높은 더 넓은 정열적이 아닌 세계인 것이다. 이따금 괴테는 물론 '황금의 햇볕 시각'을 생각하고 또 '감각의 그윽한 어두움'을 생각하고 있다. 이 꿈이 시작된 것은 그러한 어두움 속이었다. 모순점은 여러 가지가 있다. 괴테는 그러나 한 인간인 것이다.

3

괴테의 문학 세계

(1) 괴테의 범신관

괴테의 세계관 및 문학관은 인도주의적인 입장이 그 근간을 이루고 있다. 그의 문학은 고백예술이며 순수한 자전이라는 점과, 그의 생활은 전진과 부단의 동요의 연속이며 끊임없는 생성의 과정을 내포하고 있는 독자적인 율동이 보이는 발전적 통일체라고도 할 수 있으며 하나의 생명이라고도 할 수 있다. 괴테에 있어서는 인간과 작품이 혼연일체가 되어 창작 활동이나 생활에까지도 인간완성에 있어서의 계기에 불과하였다는 점이다. 그처럼 자기를 실현하고 묘사함으로써 상징화한 작가도 없다. 3년간의 프랑크푸르트 체재기간(1773~1775)은 괴테의 일평생에 있어서 가장 결실이 많았던 시기였다. 창조에 대한 충동이 끓어오르고 무한성과의 융합을 열렬히 원하던 시기였다. 이 시기에 괴테는 그의 문학을 완성해 갔다. 여기서 그는 인도주의 최대의 속성인 구원의 문제를 제기했고 고전주의 문학에까지 발전해 갔다. 이와 같은 그의 이념을 토대로 한 체험과 작품활동은 형이상학적인 자유와 인생 제반에 걸친 자유를 추구하고 있다.

그의 이와 같은 사상도 범신적인 세계관에 뿌리를 박고 있다. 이 범신은 인간세계와는 동떨어진 중세의 기독교적인 신이 아니고 자연과 인간 가운데 깃들어 있는 신인 것이다. 1770년의 한 일기장에서 그는 다음과 같이 언급했다.

"신은 자연 가운데 체험되고 모든 것을 스스로 포괄한다."

그러므로 그는 기독교의 진리를 등진 점에서 이교도였고 그의 문학은 인간성마저 박탈하는 유일신에 대한 신인간의 기치를 들고나선 위대한 혁명이었다고도 할 수 있다. 인간에 무한한 가능성을 부여해 주어서 신의 권위에 억압받은 인간의 형이상학적인 자유를 찾는 신과 대위적인 입장에 설 수 있는 그런 인간이다. 괴테의 사고방식은 1771년에 쓴 「셰익스피어 날에 즈음해서」에 잘 요약되어 있다.

"즉 우리가 악이라고 하는 것은 선의 이면이다."

이 말이야말로 상대적인 극에 흐르지 않는 절대주의적인 입장에서의 인도주의의 지표라고 할 수 있다.

이처럼 기독교적인 신과는 달리 세계 가운데 화신된 생기발

랄한 신성을 거울삼은 그의 주의사상은 계몽주의에 대한 새로운 세계감정을 낳았다. 외부로부터 밀치는 신이란 어떤 것인가! 삼라만상을 손끝으로 조작하는도다! 이 신은 자체 내에서 세계를 움직이고 자신 가운데 자연을, 자연 가운데 자신을 포괄하는 것이다. 그러므로 신 가운데 존재하는 것은 그 능력과 정신을 별개로 요하지 않는다. 이해된 자연이 바로 괴테가 느꼈던 새로운 종교관의 신화된 자연이다. 창조적인 생의 화신으로 본 그의 자연에는 논리적으로 의지의 자유, 사회적으로 개체의 자유, 형이상학적으로는 세계생활의 자유가 있다. 인도주의적 입장에서 본다면 하만(Hamman) 역시 괴테와 일맥상통하는 바가 있다.

하만은 악마의 영향을 받아 신의 계시도 창안했고 그의 사색의 길은 인간적 허무나 인간적인 영역에 다다른다. 그는 기독교적인 종교성을 토대로 한 범신주의 사상을 이 시대에 처음으로 내세웠다. 하만은 다음과 같이 범신을 확립하고 있다.

"모든 것에는 신성이 있다. 신성이 깃든 모든 것은 역시 인간적이다."

이와 같이 인간과 신의 관계는 기본 법칙이며 주요한 계기가 되고 우리 인식의 원천이 된다. 하만은 이상과 같이 가르쳤고 심리학이 진정한 의미의 신학이고 신의 영감이라고 했다. 신의 계시의 역사는 인간의 역사와 일치한다는 것이다. 그러므로 신을 인간적으로 이해해야 한다고 했다. 그의 제자 헤르더는 하만과는 달리 세계를 신적인 자연의 표상과 상징으로 보았다. 헤르더가 성서를 동양시의 형태나 또한 구체적인 계시로 체험했던 일은 범신적인 관점에서였다. 헤르더의 범신적인 체험은 인간의 정신 가운데 깃든 신의 존엄이고 신적인 자아체험이었다. 즉 신성을 스스로 느끼는 프로메테우스(Prometheus)의 자아감정 같은 것이다.

헤르더는 역사철학자로 괴테의 자연주의와 더불어 폭풍과 노도에 병행적인 조류를 이루고 있다. 괴테의 자연관은 계몽주의 철학과 셸링(Schelling)의 낭만주의 철학의 혼합일체로써 이뤄진다. 한편 헤르더의 고전 작품 『인류사의 철학에 대한 이념』에서 자연철학과 역사철학이 총괄적으로 통일체로서 합류하고 있는 것을 알 수 있는데 자연과 역사는 신의 이중인식이라고 할 수 있다. 범신적인 신은 이 두 차원 즉 역사와 자연으로부터 인간이 되어 버린 신이다. 이러한 범신적인 세계관을 토대로 한 그의 작품 가운데 괴테는 종교, 사랑, 인생 등 제반 분야에 걸쳐서 구원의 문제를 다루고 있다. 그의 인도주의 사상은 스피노자(Spinoza)의 범신사상과 루소의 자연회귀사상의 혼합일체가 폭풍과 노도적인 생활감정을 이루어 계몽주의에 대한 반항으로 나타난다. 또한 그의 인도주의는 칸트(Kant)나 루소(Rousseau)와 같이 이성으로부터 추출된 것이 아니라 사랑으로 말미암아 안으로부터 배양된 것이라 할 수 있다. 즉 볼테르(Voltaire)의 계몽주의와 빙켈만(Winkelmann)의 희랍 숭배, 루소의 자연주의와 클롭슈톡(Klopstock)의 감상주의, 헤르더(Herder)의 민중예술론, 칸트의 비판철학이 근대 인도주의 발달의 6가지 요소가 되었다고 할 수 있다. 물론 이러한 것은 도두 괴테의 인도주의 영향으로 슈타인(Stein) 부인과의 개인적 접촉만큼 근본적으로 그에게 감화를 주지는 못했다. 실로 괴테의 인도주의는 그녀와의 연애로 육성되었던 것이다. 요컨대 슈타인 부인은 그를 소극적인 천재주의로부터 이탈케 했을 뿐만 아니라 더 나아가서 그를 적극적인 인도주의로 인도했던 것이다.

괴쯔(Götz)와 바이즈링겐(Weislingen), 파우스트(Faust)와 메피스토펠레스(Mephistopheles), 클라비고(Clavigo)와 카를로스(Carlos), 에그몬트(Egmont)와 알바(Alba), 타쏘(Tasso)와 안토니오(Antonio), 이피게니에(Iphigenie)와 레오노레(Leonore) 사이의 인도주의 이념을 자명하게 나타냈다. 그는 이와 같이 이원적으로 생각지 않고 대조적으로 다루었다. 완성으로부터 미완성을, 빛에서 암흑을, 행동에서 저항을, 선에서 악을 발전시키려고 노력했다. 이러한 대조적인 자연에 그는 깊숙이 침잠했다. 제한과 육혼으로 무한에 이를 수 없다고 한 스피노자의 발언에 괴테는 반기를 들고 모든 실존하는 사물은 존재를 자체 내에 포괄하고 있고 외부의 사물은 알 수 없다고 했다. 이와 같이 괴테는 형이상학적인 개념을 거절한 것처럼 스피노자의 합리주의에는 반기를 들고 있다. 괴테는 자연을 순수한 법칙으로 해명하고 우주를 합리적인 체계로 파악하려 들지는 않았다.

칸트가 그의 논문 「순수이성의 한계 내의 종교」에서 언급한 바 인간의 천성 속에 악의 요소가 내재한다고 했는데 괴테는 이 점을 원죄에 대한 기독교적인 관점에서 봤다. 인생과 신, 개체와 세계는 상호보완적인 관계에 선다고 그는 보았다. 그러므로 우리가 종교를 필요로 하는 것은 인간의 천성이라고 했고 지식은 종교를 포괄하는 것이고 현상을 통해서 절대자로 가는 것이다.

　우리는 외면과 불가분성의 관계에서 세계구조를 관찰할 때 이념이 전체의 기본이 되고 자연 가운데 신을, 신 가운데서 자연이 영원히 상호 작용하리라는 개념에 유의해야 한다. 괴테의 세계상은 모순의 통일이고 이중인식의 신념이다. 신과 세계, 정신과 물질은 상이한 것이 아니라 공존하면서 신의 본질에 속한다. 괴테가 인생을 해명하는 장면에는 인간과 사건이 대조를 이루고 있다. 이와 같은 인생은 우주질서 가운데 합목적성으로부터 더욱 발전해 가는 것이다. 인간의 천성에는 항상 목적을 초월해서 발전해 가려는 데 있다. 동시에 창작과 활동에서 보다 많은 정열을 얻는 것은 괴테에게는 일종의 고양이었다.

　우리가 신과 자연으로부터 받은 것 중에서 최상의 것은 휴식을 모르고 활동하는 인생 자체이다. 생에 대한 사랑과 경탄은 괴테의 창작에 대한 원천이기도 하다. 『시와 진실』에서 괴테는 말하기를, 인간은 행동하기 위해서 태어났고 활동 가운데서 자신을 영원화하려고 시도한다고 하였다. 괴테는 개성의 한계를 현명하게 인식하고 신에게 의지하려는 생각도 있었다. 이것이 괴테의 인도주의 이념의 발판이 된다. 슈트라스부르크 시절에 괴테는 기독교 정신을 배척하는 정신이 싹텄다. 기독교적인 신을 버리고 새로운 신을 발전시키는데 이 신은 자연과 세계와 행동의 신이다. 주인공 파우스트는 신의 계율을 무시하고 도덕적인 세계질서를 이룬 기독교적인 신의 개념에서 벗어나는 것을 뜻하고 그의 시 「프로메테우스」에서 주인공이 제신들의 이념에 추종하는 것으로 나타난다. 즉 '신=인간'의 관계를 유지하는 유일신에 대항하는 위대한 신이다. 괴테의 작품 속의 성도덕 문제에는 자율성이 많이 부여되었다. 타의에 의한 혼례가 실제 연인들 사이의 사랑에 의해서 이룩되는 부부다. 무한성에 대한 동경으로 번민하고 있는 파우스트가 그레트헨에게서 느끼는 행복은 비길 데 없이 큰 것이다.

"너의 눈길, 말 한마디는 이 세상의 모든 지혜보다 더 큰 의의가 있다. 이 소박함과 순결함으로 성도를 이해하지 못하다니."

이상의 심오한 뜻을 파우스트는 초인적인 감정에 싸여 최초의 독백에서 그레트헨에게 언급하고 있다. 파우스트는 그레트헨에게서 행복을 찾지만 일시적일 수밖에 없다. 파우스트가 그레트헨을 떠나서 발데스횔레(Waldeshöhle)에 숨어서 향락에 빠진다는 것은 희곡상 의미가 크다. 왜냐하면 발데스횔레의 장면은 파우스트의 사랑이 떠난 것을 의미한다. 그러나 그레트헨과의 사랑을 끝맺지 않으려는 강한 의지가 있다. 여기서 우리는 파우스트의 무한으로의 발전욕과 사랑 사이에서 몸부림치는 갸륵한 인간상을 엿볼 수 있다. 괴테는 세센하임의 프리데리케를 버리고 항상 복수의 여신으로부터 추방당하고 있는 느낌이 들었다. 또한 슈타인 부인과의 고결한 정신으로 말미암아 그의 고민은 구원을 받았다. 이피게니에의 구원은 바로 그의 체험을 작품화한 좋은 예가 된다. 클레르헨(Klärchen)은 사회도덕의 한계를 벗어나고 있지만 사랑의 자유라는 관점에서 정당성을 인정받는다.

 작가의 훌륭한 기교는 도덕성의 관점에서 저주받은 클레르헨에게 영광을 부여해 줄 수 있다는 데 있다. 이와 같이 클레르헨의 사랑은 예외적으로 사면되는 죄의 특징을 지니고 있을 뿐만 아니라 구원을 받는 자연도덕의 계시이기도 하다.

 신의 무한성을 찾는 사람은 개체의 유한 가운데서 찾아볼 수 없으며 지식이 전체를 파악 못하는 바와 같이 생은 우리가 무한에 참여하려는 기회를 주지 않는다. 이러한 인생 욕구의 모순에서 파우스트의 문제는 제기된다. 파우스트는 유한 가운데 무한을, 개체 가운데서 전체를, 세계에서 신을 포옹하려 들기 때문에 파우스트의 문제점은 점점 심각해진다. 욕망과 환멸의 끝없는 변화 가운데서 그는 휴식도 없는 악마가 되는 것이다. 기독교에서는 죄악시하는 자살이 괴테의 초기 문학에서는 영광으로 여겨진다. 그에게는 죽음을 통한 신으로의 귀의가 있다. 괴테에게 죽음은 파멸이 아니고 자유화의 길이고 구원의 길이었다. 괴테는 인간이 모든 속성을 지니고 있다고 보았고 자결에 대한 가능성이 있으므로 개체는 우주의 사본이라는 견해, 고로 개체를 소우주화라고 부를 수 있다는 생각은 파우스트가 말한 바와 같이 신성을 지녔고 라이프니츠(Leibnitz)의 단자설과 비교가 된다. 괴테는 1770년의 한 일기장에서 다음과 같이 언급하고 있다.

　"존재하는 모든 것은 신의 본질에 속한다."

괴테가 말하는 범신은 실재이고 전체를 포괄하는 개체를 형성한다. 이를 믿고 행동하는 개체 즉 파우스트(Faust), 클라비고(Clavigo), 페르난도(Fernando), 베르테르(Werther) 등 이들 주인공들은 무한성의 추구와 존재의 욕구를 실현하려는 모순 가운데서 파멸로 이르고 만다. 인간은 이 두 영역에서 연유하는 독특한 문제로 고민을 한다.

"나는 죄를 짓기 위해서 이 세상에 태어났던가!"

괴테는 프랑크푸르트의 고별의 일기장에서 자문하고 있다. 절대자는 이런 순전한 모순을 해결하기 위하여 존재하는 것이라고 보았다. 즉 인간은 쉬지 않는 노력에 의하여 완성되는 것이다. 괴테는 자기의 사상을 다음과 같이 요약하고 있다.

"우리는 자연을 연구할 때는 범신주의자이고 창작을 할 때는 다신주의자이고 도덕상으로는 유일신주의자이다."

괴테의 실재에 대한 예감과 사색은 짙어지고, 그의 인도주의 체험은 기독교적인 신의 배척에서 자연 속의 개체에 구현하는 범신을 실현했으며, 자유추구의 정신은 그의 문학의 성황을 이루고 구원의 문학을 완성한다.

요한 볼프강 폰 괴테
(1826/1827년 요한 요세프 슈멜러의 아마포 위의 유화)

(2) 순결한 사랑

계몽주의 문학에서 인정받던 성도덕은 '폭풍과 노도기'의 문학에 의해서는 부정된다. 도덕상 위기에 직면한 일부일처의 제도는 강제성을 띤 결혼이 아니고 신부 선택의 자유에 의해서 이뤄지는 것이다. 괴테는 사랑의 자유와 위대성을 부르짖어 그의 주인공 파우스트는 애욕의 생활로 그레트헨의 비극을 초래케 되는데「마녀의 부엌」의 장면에서 파우스트는 처녀 마가레테(Margarete)의 청아한 모습에 깊은 사랑을 느낀다. 몇 개의 장면을 더 살펴봄으로써 완성된 구성과 감정의 위력과 언어의 예술로 연애를 이처럼 간소하고도 힘차고 아름답게 표현해서 절실하게 우리에게 어필하여 성스러운 종교적인 감정마저 각성케 하는 작품은 『파우스트』를 내놓고서는 드물다.

파우스트는 처음에 메피스토펠레스의 계획에 따라 조정되는 인형과 같은 존재로 애욕의 생활 속에서 허덕이게 된다. 그러나 그의 순진한 영은 처녀 그레트헨의 친밀성에 접하자 메피스토펠레스가 예상 못한 방향으로 진행된다. 메피스토펠레스가 이 사랑하는 두 사람을 죄악의 구렁 속에 넣으면 넣을수록 그들의 영혼은 죄의 고뇌를 통하여 승화하여 간다.

그레트헨은 그 순진한 사랑에 끌리어 어머니를 죽이고 필경은 그 아이까지 죽인다. 그러나 겸손히 재판을 받고 아무런 원한도 없이 "여기서 영원한 휴식처로 가겠어요" 하고 그 영은 그 갈 곳을 그르치지 않는다. 그리하여 제Ⅰ부의 마지막 장면에는 "그는 벌을 받을 거다"라는 메피스토펠레스의 소리를 비웃는 듯한 "구원받았느니라"라는 힘찬 천상의 소리로 막을 내린다.

이렇게 해서 제Ⅰ부의 파우스트의 시련은 끝난다. 피안의 운명은 제Ⅱ부에서 취급되게 되는데 행동인으로서의 파우스트의 인간성은 일관하여 변함없이 그 길을 속행하는 것이다. 「저녁의 장면」에서 메피스토펠레스는 파우스트를 유혹적인 분위기로 끌고 가 그의 관능에 대한 욕망을 자극하기 위하여 그레트헨의 부재중에 방안으로 안내한다. 그러나 파우스트는 이 처녀의 방에서 순결하고 청순한 기분을 느끼게 되어 감격한 나머지 자기의 본능적인 욕망을 창피하게 느끼고 진심으로 애정을 품게 되는 것이다.

가르테의 소개로 파우스트와 마가레테의 사랑의 장이 전개된다. 「숲과 동굴」의 장면에서는 애인을 버리고 양심의 가책을 느끼면서 자연의 품속에 안기는 일은 괴테 자신도 체험하고 있는 일이다. 파우스트는 한편 그레트헨에 대한 애욕에 빠져 있으면서도 그 이상 그 처녀를 유혹하는 죄를 깊이 뉘우치고 자연 속에 깊이 파묻혀서 명상에 잠기는 철인적인 태도는 아직도 잃지 않고 있다. 이렇게 자연 속에서 반성하고 있는 파우스트를 메피스토펠레스는 기묘한 언사를 통하여 그레트헨에게 다시 죄여 가도록 한다. 그러나 자나깨나 애인만을 생각하고 있는 그레트헨의 괴로움은 유명한 「물레」의 노래로써 표현된다. 파우스트 작품에는 인간의 적나라한 순수한 사랑과 사회의 규범이나 도덕적인 제재를 받는 사랑 사이에 심각한 갈등이 있다. 페르난도와 같이 파우스트는 그의 부인을 행복하게 해준다.

그것은 그레트헨의 「물레」의 장면에서 독백뿐만 아니라 감옥의 장면으로 나타나고 있다. 그레트헨은 사랑의 절정에서 다음과 같이 말하고 있다.

"경배하는 신이여! 한 사나이가 이 모든 전체를 생각할 수 없을 거예요!
나는 부끄러이 그이 앞에 서 있지요. 그렇지만 불쌍하고 철부지입니다! 그 분이 저를 어떻게 볼까 알 수 없습니다."

여기에 파우스트와 그레트헨의 운명의 비극이 깃들어 있다. 파우스트는 부인에게서 행복을 찾지만 그의 끝없는 욕구에 비해 항상 일시적일 수밖에 없다. 무한한 동경으로 괴로워하는 파우스트는 그레트헨의 전원에서 매혹적으로 구체화하는 세계에 빠진다. 파우스트의 그레트헨에 대한 사랑은 다음과 같은 말로 표현되고 있다.

"당신을 바라봄, 그리고 당신의 말 한마디는 이 세상의 모든 지혜보다 더 큰 뜻이 있소."

파우스트는 이 사랑을 스스로 인식하고 감지했다. 그러면서도 불쌍한 그레트헨의 운명에 사로잡히는 순간 자기의 사랑을 다음과 같이 고백한다.

"오! 겁내지 마오! 이 눈초리, 이 악수가 말로 다 표현 못할 것을 느끼게 하네! 완전히 내 자신을 바치고 그리고 영원해야 할 희망을 느끼고 있소! 영원히 그리고 그 끝은 절망이겠지, 아니야, 절망이 아니야. 그렇지 끝도 아니야. 정말 아니야."

"파우스트는 그레트헨의 유혹을 벗어나려든다. 이러자 그레트헨의 사랑에 매료되고 그도 역시 그레트헨을 동정한 나머지 그녀의 운명에 휩쓸린다."

"내가 피신자가 아닌가? 집도 없고 목적도 휴식도 없는 인간! 바위 사이에 거품 일고 쏴아 쏟아지는 폭포 모양 심연으로 솟구치나? 그리고 그 여자가 어린애 같은 우매한 생각을 품고 있다. 사과나무 과수밭의 오막살이 —— 그 여자의 검소한 생활이 이 작은 세계에서 시작되지만 —— 신의 저주받은 내가 바위를 부스러트릴 만한 용기가 없단 말인가? 그 여자를 그의 평강을 묵살해야 하나?"

파우스트는 페르난도와 같이 자기가 배신한 부인에 의해서 용서받는다. 이런 생의 욕구는 시민도덕 위에 초연히 솟아 있고 자신마저 그 도덕의 강압성에 귀를 기울이고 있다. 파우스트가 고귀한 인간성을 상실했음에도 그를 옹호해 주는 것은 그레트헨 자신이다. 파우스트는 보다 고상한 생의 의무를 인식하면서 애인의 인간적인 정취의 따뜻한 사랑을 떠난다.

그러나 천상으로부터의 목소리가 회개하는 여죄수의 구원을 알려준다. 작품 『에그몬트』(*Egmont*)에서 사랑의 자유와 구원의 문제를 제기하고 있다. 클레르헨(Klärchen) 모녀간의 대화를 본다.

"내가 그 문제를 알아보아야겠다. (이렇게 어머니는 클레르헨에게 말한다.), 내 딸아……"

"어머니! 내가 더 가련한 딸이 되기를 원하세요? 저주받은 사람이 아니요?"

클레르헨은 눈물을 흘리면서 이렇게 말하고 클라레(Klare)는 일어서면서 다음과 같이 냉담하게 말한다.

"저주받다니요? 에그몬트의 애인이 저주를 받다니? 어느 후작 부인이 그의 사랑받는 클레르헨을 부러워하지 않을 사람이 있나요? 오! 어머니, 우리 어머니! 그렇게 말씀하시지 마십시오! 우리 어머니 착하시겠지요! 수군거리는 이웃집 여편네들이 무어라고 생각할까요! 이 방, 이 집은 에그몬트의 사랑이 깃든 이래로 천국이었습니다!"

클라레는 에그몬트의 사랑을 자랑하지만 도덕을 무시하는 것도 아니고 사회적인 범죄를 구성하는 것도 아니다. 클라레는 자기의 운명을 의식하면서 에그몬트에게 자기의 사랑을 받친다. 그리고 이 운명을 감수할 마음의 태도도 정한다. 어머니는 자식의 장래를 생각해서 클레르헨을 행복하게 해줄 진실한 청년 브라켄부르크(Brachenburg)와 결혼할 것을 청한다. 그 이유는 다음과 같다.

"청춘, 사랑, 이 모든 것이 종말이 있다. 그래서 어디 거처할 곳만 잡으면 신을 생각하게 될 때가 온다!"

"어머니, 죽음이 무섭게 예감되지만 그때가 다가오게 해주세요! 그러니까 때가 오면! 우리가 의무적으로 그리고 능력대로 처신해야겠지요."

이렇게 클레르헨은 한동안 말이 없다가 깜짝 놀라서 얼마 후 입을 연다. 클레르헨은 에그몬트의 사랑을 받을 만하다. 그러나 이루지 못할 사랑을 비관하고 자살함으로써 클레르헨의 사랑은 예외적으로 사면되는 죄의 특징을 지니고 있을 뿐만 아니라 관습을 포괄하는 자연도덕의 계시이다. 작가의 훌륭한 기교는 성도덕의 관점에서 저주받은 클레르헨을 구원해 줄 수 있다는 데 있다. 『젊은 베르테르의 슬픔』(*Die Leiden des Jungen Werthers*)에서 주인공 베르테르(Werther)는 지상에서 허용치 않는 그의 사랑을 비관한 채 자살을 하고 만다. 그러므로 롯데(Lotte)에 대한 사랑으로 천상에까지 승화해 간다.

『젊은 베르테르의 슬픔』의 5월 10일자 서신을 보면 괴테의 부인상에는 덕과 자연의 요소가 있어서 덕은 스스로 자연이고 고백이다. 베르테르는 롯데의 사랑 속에 신뢰를 얻고 그 여자의 사랑은 베르테르에게는 신의 세계로의 이정표이다. 베르테르는 정에 부푼 생을 택일(entweder~oder)로 표현하고 있지만 다양한 생을 용인(zwar~oder)으로 정당화하려고 든다. 전체 세계는 개체에 속하고 개체 가운데 창조되는 유일한 것은 사랑이었다. 그러므로 사랑을 받는 한 자아(Ich selbst)는 근본적으로 머물러 있다. 베르테르의 18일자의 편지는 이 점을 잘 나타내고 있다.

"옛 감정이 아직 사라지기 전에 새로운 정열을 우리 마음 가운데 불러일으키기 시작하면 해가 질 때에 반대편에 달이 떠오르는 것을 보게 되고 두 줄기 천상의 빛 가운데 광채를 알아차리게 되면 이 이상 더 좋은 정경이 없을 것 같소!"

재회의 약속은 기독교적인 입장으로는 피안의 세계에 있다. 그런 희망은 베르테르의 사랑과 일치한다. 그러나 괴테는 이런 사랑을 거부한다. 이 사랑에는 자연과 양심, 신이 깃들어 있다. 이 고유한 뜻에는 다음과 같은 성서의 구절이 이어진다.

"하나님은 사랑 자체이시고 사랑 가운데 거하는 자는 하나님 가운데 거하나니라."

(3) 무한성

'폭풍과 노도기'의 문학은 일반적으로 자유스런 인간생활을 억압하는 오성에 대한 투쟁으로 생의 자유를 고지한다. 괴테 문학은 생의 번민과 풍만성을 속속들이 파헤치고 생활 자체를 탈피해서 체험문학을 이루고 있다. 파우스트는 육체적으로 제한된 세계에 대해 불만을 표시한다. 그러므로 파우스트는 신의 충만과 저주 사이에서 방황한다.

"내가 신인가, 인간인가? 이제 명백해진다."

이와 같이 파우스트는 대우주의 부호 앞에 소리친다. 그리고 자신에게 다음과 같이 말한다.

"세계를 편력하는 신이여! 나는 얼마나 당신과 흡사한가."

이 말이야말로 주인공 자신의 고통스러운 생의 체념이라고 할 수 있다.

"영원한 진리 자체인 신은 천상의 광채 속에서 가련한 인간을 버리고 혼자만 향락하는도다! 나는 자유스러운 힘이 이미 자연의 정맥을 통해서 흐름에 제신의 생활을 향락하는 천사 이상의 행복감을 느끼오. 자네는 자네가 알고 있는 지신을 닮았지 나를 닮지 않았소."

이와 같이 얘기한 지령의 말로 허무의 심연으로 끌어내려졌고 지신을 바라다볼 때 위압을 느낀다. 신성으로서의 자아감정의 발전은 인간의 유한성의 고통스런 감정이다.

"나는 제신을 닮지 않고 마음속 깊이 느껴졌을 뿐이오. 먼지 속에서 자라나기도 하며 파헤치는 벌레를 나는 닮았소."

파우스트의 마음에 반영된 신은 세계 가운데 재현될 수 있는 것이다. 신을 찾는 파우스트의 인식 욕구는 체험세계의 지식으로는 부족할 수 없지만 신을 찾는 행위는 계속된다. 이와 같은 그의 행동은 모든 것을 찾는 것이 아니라 전체를 찾는다. 그래서 그는 지령의 부호를 보는 순간 다음과 같은 사실을 알아차린다.

"모든 것은 전체를 향해 활동하고 하나가 다른 것 속에서 작용하고 있는지요?"

신의 무한성을 찾는 사람은 개체의 유한 가운데서 찾아볼 수 없으므로 파우스트는 그의 신을 유혹의 길에서 찾는 것이 아니라 몸소 체험함으로써 깨달으려고 노력한다.

사실 인생에 있어서 파우스트가 구하는 바는 단순한 감각적 쾌락은 아니었다. 어떠한 고통이라도 달게 받아 인간 전체가 받아야 할 것을 '나'로서 맛보고 인생의 가장 높은 것, 가장 깊은 것을 파악하여 인생을 실현해 보고자 하는 것이 파우스트의 기원인 것이다. 그는 염원을 실현하기 위하여 메피스토펠레스의 힘을 빌리려고 하는 것이다. 사실 이 염원은 인간의 힘을 초월하는 것이다. 이 특이한 욕구를 위해 정진하려는 파우스트의 모습은 정말 순교자적인 것이 아닐 수 없다. 그가 할 일은 정진, 오로지 정진뿐이다. 기독교에서는 죄악시되는 자살이 괴테의 초기 문학에서는 영광으로 여겨짐으로 파우스트는 자살을 기도한다. 그러므로 파우스트에게는 죽음을 통한 신으로의 귀화가 있다. 즉 신과의 합일을 의미한다.

괴테에게 죽음은 파멸이 아니고 자유의 길이고 구원의 길이다. 프로메테우스의 주인공은 자기의 딸 판도라(Pandora)에게 사랑의 신비를 죽음의 신비로 해명하고 있다. 사랑과 죽음은 유한성의 베일을 벗겨 내고 형이상학적인 통일을 이루는 합일로 이룬다. 이런 의미에서 프로메테우스는 사랑과 죽음의 신비를 노래하고 있다.

"네가 희로애락을 깊이 느낀다면 그 중에서도 눈물을 흘릴 때 마음의 위로를 받을 것이다. 모든 감정은 네게서 살아가는 것처럼 보일 것이고 깊이 침잠하겠지. 그리고 모든 것은 어두운 밤으로 자취를 감추고 너는 영원한 감정 속에서 하나의 세계를 열겠지. 왜냐하면 인간은 필멸이니까.

판도라는 아버지의 말을 듣고서 다음과 같이 소리친다.

"오! 아버지 우리 죽어요!"

괴테는 죽음을 통해서 진정한 생의 자유를 찾고 죽음에서 생의 유한성도 찾는 것이다.

"고통이 완화되는 너의 모습을 알아차릴 것이다. 너의 노력은 둔화되고 영의 파도도 점차로 그치고 대양으로 나가라고 권유도 받는다. 수면은 발 아래 잔잔한데 또 하루가 밝으면 해안으로 유혹 받으리! 나는 새로운 인생항로를 밟아 순수한 행위의 영역으로 돌진하려는 충동을 느낀다."

신을 추구하는 생의 내적인 문제는 중대한 일이다. 베르테르의 슬픔은 롯데에 대한 불행한 사랑뿐만 아니라 신으로의 귀의에 대한 무한한 욕구에 의해 거절당하는 영적인 인간의 불행한 사랑 전반인 것이다. 베르테르는 '폭풍과 노도기'의 어떤 문학보다도 신성이 충만된 사랑을 묘사하고 있다. 당시 계몽주의 시대가 멸시했던 하층계급의 사회를 베르테르는 사랑으로 포괄하고 있다. 이러한 베르테르의 사랑은 세계의 정화이고 신으로 가는 길로 그가 사랑을 잃지 않는 한 천상으로의 구원이 있지 지옥으로의 몰락이 있는 것은 아니다. 세계의 축복과 고민

사이에 영원히 동요하면서 생과의 관련을 하나하나 끊어 감으로써 생과는 점차 소원해지고 죽음과 거리가 가까워진다. 이리하여 베르테르는 내부의 세계로 침잠하고 새로운 세계를 발견한다. 영혼이 무한을 추구하기 때문에 생활이 충실치 못한 사람에게 인생이란 한낱 지옥과도 같다. 베르테르 역시 우리가 원하는 대로 즉시 이 지옥을 떠날 수 있다는 형이상학적인 자유가 없었다면 생활을 참을 수가 없었을 것이다. 그러므로 자살이란 견해는 그의 마음 가운데 남아서 파우스트가 독약을 자살의 매개로 택했던 데 대해서 베르테르는 피스톨을 택했다.

"자연은 복잡하고 모순된 미궁으로부터 탈출구를 찾지 못하고 있다. 그러니 인간은 마땅히 죽어야 한다."

베르테르에 있어서 피안의 표상은 기독교적인 색채를 띠고 있다. 왜냐하면 베르테르 자신이 피안의 세계에서뿐만 아니라 차안의 세계에서도 영혼의 신성을 다시 발견한 위대한 행동이 되는 것이다. 베르테르의 자살에 대한 결심은 자유의 축복을 가져올 뿐만 아니라 신과의 재일치를 가져온다.

괴쯔의 멸망으로 국가가 서고 그레트헨의 자멸로 윤리를 완성한 것같이 베르테르의 자살은 신과의 합일이었다. 괴테는 그의 주인공을 베르테르와 같이 끝내고 싶어하지 않았기 때문에 『초고 파우스트』(Urfaust)는 영적인 인간의 생활 문제를 극복하고 젊은 베르테르의 슬픔에서 구원해 줄 의무에 봉착했다. 그의 과제는 『베르테르』의 세계고통과 프로메테우스의 생의 반항 사이에 파우스트 같은 인간을 상위로 끌어올리고 프로메테 우스의 윤리를 베르테르의 윤리와 함께 종합시키는 데 있다. 괴테가 베르테르 제2판을 낼 때 다음과 같은 말로 이미 자기의 과제를 의식하고 있다. 즉,

"하나의 남자가 되라, 그리고 나를 쫓지는 말라."

괴테는 이 이상의 생의 과제를 마무리짓지는 못했다. 파우스트 역시 이런 생의 과제를 인식했고 프로메테우스에 대한 반항과 베르테르의 의혹 사이에 동요하는 생의 의지의 표현은 악마와의 계약을 체결했다. 신의 무한성을 유한한 개체 가운데서 이룰 수 없었던 베르테르는 괴로운 체험에서 자살을 동경한다. 즉 이 죽음은 파멸이 아니고 참된 의미에서의 생의 자유화의 길이고 구원의 길이다.

(4) 고결한 정신

『이피게니에 아우프 타우리스』(Iphigenie auf Tauris)의 작품 가운데서 괴테는 고귀한 인간성과 소박함을 구체화하고 인도주의 이념을 가장 잘 묘사하고 잇다. 잇따른 가족 살해와 무정 사이의 긴장이 큰 만큼 인도주의를 극복하려는 시도가 강해지고 작품 전체에 깊은 감명을 불러일으킨다.

탄타루스(Tantalus)의 필멸, 펠롭스(Pelops)의 폭력, 아트러이스

(Atreus)와 티에스테스(Thyestes)의 영아 살해와 아가멤논(Agamemnon)의 살해, 오레스트(Orest)의 어머니 살해 등은 탄타루스 족속의 태생으로서 바바리 해안으로 추방당한 이피게니에에게는 큰 저주이다. 이러한 폭력인의 서열 끝에는 고귀한 인품의 두 인간이 있다. 오레스트와 이피게니에의 클리템네스트라(Klytemnästra)의 남편 살해로 오레스트의 어머니 살해가 잇따른다. 오레스트는 어머니 살해의 책임을 신들에게 전가한다.

"그들은 나를 살육자로 택했어요. 나의 존경하는 어머니의 살해자로 범죄를 보복시키며 나를 멸망케 했어요."

오레스트는 종교적인 신념에 따라 인간의 본연의 양심을 느낀다. 살해된 어머니를 생각할 때 마음의 평안을 잃고 제신들을 불신케 한다. 인간을 분열시키는 증오와 적대감으로 범죄를 저지르게 됨을 탄식한다. 오레스트는 늘 마음속으로 우울하게 느껴 왔지만 진정한 인간성은 복수가 아니라 화해이고 증오가 아니라 사랑이며 정열이 아니고 극기심이라는 것을 알게 된다. 이 순간 그는 내적인 자유를 구가하게 된다.

"저주가 일어났노라고 이 심정이 일러주오, 복수의 여신이 탄타루스에게 물러가는 소리를 나는 듣고 있소, 철문을 뒤로 요란스럽게 닫으면서 물러가오. 그러나 대지는 향기를 풍기며 나를 맞아주고 인생에 희망을 걸어 큰 업적을 남기라고 하오"

탄타리데(Tantalide)의 족속은 모든 인간의 범죄를 속죄하고 인간성의 고귀한 가치를 통찰하게 된다. 합목적적인 사고방식이 구원의 기초를 이루고 있는 것은 아니다. 이피게니에 자신이 고귀한 인간성과 참된 박애성의 화신이다. 그러나 그 여자는 이것을 자연으로부터 습득한 것이지 오레스트처럼 내적으로 개심한 것은 아니다. 이 박애성은 쟁취된 것이 아니고 타고난 것으로서 경건성과 공평함의 두 가지 특징을 지니고 있다. 이피게니에는 경건성으로 신적인 구원을 받아 구원자로서 외국에서 봉사하는 성직자의 신분에까지 상승되는 것이다. 체념의 인간은 깊이와 가치와 존엄성을 얻는다. 이피게니에는 인간적인 충동을 느끼는데 여기에 그 여자의 박애성이 깃들어 있다. 고차적인 이념은 한편은 종교적이고 다른 한편으로는 순수 인간적이고 도덕적인 의무감이 깃들어 있고 그 여자의 최상의 목표는 고귀한 행위의 이념상이다. 이 이념에 따라 살아가는 것이 그 여자의 생의 목표이다. 이 고귀한 인간성을 이룩한 바르바르(Barbar)의 죽음으로 이피게니에는 구원받는 것이다.

그 여자의 고상한 본질을 야만인들에게 의식시켰던 것이다. 이는 구원의 동기일 뿐만 아니라 도덕적으로는 구원의 완성이다. 즉, 그 여자는 오레스트에게는 구세주가 된다.

오레스트는 도덕적인 개념의 몽롱함으로 자기 자신을 구원할 길이 없다. 그는 선택에 귀를 기울이면서 타우리엔(Taurien)의 길을 걸어갈 때는 박애심도 품게 된다. 그의 정신적인 정화는 이피게니에의 감화로 이루어지는 도덕적인 의무로 느껴졌던 어머니 살해에 대한 후회심에 맘을 태우고 있다. 구원을 추구하는 도덕적인 이념은 과거의 몽롱한 도덕적인 착오와 심각한 갈등을 일으킨다. 누이를 통한 뒤늦은 속죄를 결심한다. 누이의 인간적인 매력을 통한 구원으로 그의 도덕적으로 타락한 인생은 새로운 의미를 얻게 된다. 이 점이 그의 도덕적인 부활과 함께 내적인 구원을 가져오는 것이다.

여기서 이피게니에의 박애심은 타인에게 인도주의를 불러일으키고 모범적인 인간상으로 오레스트를 매료한다. 토아스(Thoas) 왕은 그의 부인이 되지 않는 여사제에게 오랫동안 잊었던 인간 희생을 명한다. 자기의 거절로 희생당해야 하는 인간 가운데 이피게니에는 자기의 동생을 알게 된다. 탄탈리데(Tantalide)의 무시무시한 저주 가운데 자기 동생을 살해하려는 운명에 처한다. 박애성은 인생의 터무니없는 위력과 필연성 앞에 막바지에 이른 것이다. 이피게니에가 자기 생의 성스러운 박애성을 거짓으로 배신하려고 한다. 덕성의 참다운 이념이 생의 지혜로부터 나오는 것이다. 고전적인 인도주의 이념은 도처에서 순수성의 이념으로 나타난다. 그러나 필라데스(Pylades)는 이 이념을 가르치려고 한다.

> "이렇게 당신은 성전에서 잘 살아왔소, 인생은 자신과 타인에게 좀 온유하라고 타이르고 당신은 이 족속이 상당히 교양이 있다는 것을 알게 될 거요, 이 족속은 복잡하게 얽혀지고 이어져서 아무도 스스로 순수하고 명석하게 지탱할 수 없소."

이피게니에는 오성과 종교적 감정 사이에서 동요한다. 오레스트는 도덕적으로는 정당화될지 모르지만 의무감을 느끼는 어머니 살해를 감행한다. 이피게니에는 인간성의 절대적인 가치에 대한 믿음이 크게 동요된다. 그 여자의 신과 인도주의에 대한 확신이 동요를 일으키고 신과 인간성에 대한 믿음도 흔들리게 된다. 세상은 선이 지배하는 것이 아니라 힘이 지배하고 제신마저도 선한 것이 아니고 악하다. 그러므로,

"제 신은 인간성을 두려워한다. 제 신은 통치권을 마음 내키는 대로 구사하는 것이다."

영원한 정당성은 없다. 인생의 감명을 받아 박애심을 다시 불러일으키는 순간이다. 그 여자의 정신은 더 이상 세상에 감명을 주지 못하나 비관주의에는 반대한다. 그러나 그 여자는 박애심을 품고서 제신들에게 다음과 같이 기도한다.

"나를 구해 주오! 이 영혼 속에 깃든 당신의 모습도 구원해 주오!"

이피게니에가 운명으로 구원을 포기하나 자기의 은인인 왕을 기만해야 하는 가정을 세우는 것은 박애사상을 그릇되게 과신하기 때문이다. 첫째로 그 여자는 토아스 왕의 인도주의 사상에 입각한 박애심을 믿지 않았다. 둘째로 그 여자의 동생을 다시 찾은 이래로 인간적인 동경이 압도함으로 신적인 사명감이 흐려졌기 때문이다. 셋째로 그 여자의 종교적인 세계관에 동요를 느꼈다.

인간은 보다 고차적인 영혼을 위해서 생명을 희생시켜야 한다. 그 여자는 도덕과 인생, 신과 세계 사이의 투쟁으로 관찰한

다. 그러나 진리를 위해 인생을 모험함으로써 인간의 공포를 극복하고 인간성의 위력에 대한 확증이 이루어진다. 고결한 인간 행위를 하려는 부인과 그 위대성에 눈이 부셔 관용을 강요당한 왕 사이의 언쟁, 그러나 결과는 비극적이 아니고 축복받은 화해로 끝난다. 인도주의에 입각한 박애성은 인간의 공포에 초연한 만큼 실제로 인생에 대한 승리를 나타낸다. 즉, 인생에 진정한 위력을 부여하는 도덕적인 정신의 계시이자, 양심의 위력에 대한 찬가이다. 고상한 부인은 파멸시킬 수 없다는 수수께끼 같은 독백이 있다.

"당신은 믿소? 저 진리와 참된 인간성의 소리를 듣지 않았소?"

그러나 이피게니에는 승리에 차서 대답한다.

"그 소리 누구나 듣지요. 생명의 원천이 가슴속 깊이 깨끗하고 기탄 없이 용솟음치는 천하의 모든 인간들은 듣겠지요."

이는 보편타당한 법과 우리 양심에 대한 호소이다. 여기에 인류의 위엄이 있고 구원의 힘이 있다. 토아스는 자기 구원의 고상한 예를 든다. 왕의 모든 이기적인 정열을 넘어서서 공평무사함의 원리를 따라 투쟁을 화해시키는 정의감이 승리를 거둔다. 이피게니에의 고결한 박애심과 구원의 힘은 토아스의 마음 가운데도 동일하게 불러일으킨다. 그 여자는 인간성의 위력을 믿을 뿐만 아니라 신적인 기본 성격을 믿는다. 이는 형이상학적인 고유가치를 확신하여 도덕과 인생을 조화시키려고 드는 구원의 능력을 지닌 신성으로 나타나는 것이다. 제3막에서 의식을 회복한 오레스트는 자기를 괴롭힌 신의 복수와 저주가 사라진 것을 알고서 매우 평온한 기분으로 돌아가는데 이는 이피게니에의 고결한 정신의 소리임에 틀림없다. 오레스트는 이피게니에 때문에 신의 사랑을 믿게 된 것이다. 그는 이 신앙과 동시에 신의 복수를 믿는다. 그리하여 그는 신을 믿는 동시에 신의 복수를 부인했다. 그리하여 그는 신을 믿어 은혜를 받게 된다. 그 여자는 죄 많은 일족을 신의 저주로부터 구원하여 신의 혜택을 받도록 해야 할 대사명을 지니고 있으며 이것을 달성하기에는 고결한 인격이 필요한 것이다. 제4막에서 이피게니에는 오레스트가 자기의 아우임을 알고는 그를 구원할 뿐만 아니라 자기도 같이 구원하려고 했기 때문에 사정이 착잡하다.

　이미 오레스트는 이피게니에로 말미암아 완전히 구원받았다면 새삼스럽게 여신상을 필요로 할 이유는 없다. 좌우간 여신상을 위하여 세 사람의 도피는 더욱 곤란해진다. 이 작품의 최고 절정은 제 3막 3장이며 오레스트가 이피게니에로 말미암아 번민에서 구원받는 것이다. 불행한 운명에 빠진 청년이 고결한 여성으로 인하여 정신적인 고민을 구원받는다는 것이 이 작품의 중심 내용이다. 괴테가 주안점으로 삼고 있는 것은 결코 이피게니에가 귀향하는 것이 아니라 실로 오레스트가 그 여자로 말미암아 구원을 받는다는 것이다. 괴테 자신이 오레스트에 흡사한 점이 많다. 그는 세센하임의 프리데리케를 버리고 난 뒤 항상 복수의 여신으로부터 추적당하고 있는 듯한 느낌이 들었다. 또한 슈타인 부인의 고결한 정신으로 말미암아 그의 고민을 구원받았다. 괴테는 오레스트의 고민과 구원을 취급함에 있어서 자기의 피와 감사의 눈물로써 어려움을 달랬을 것이다.

(5) 절대성

괴테의 종교적인 신념은 형이상학적인 면에 근거를 두고 있다. 그의 주관주의는 정신적인 세계감정으로 신과의 인간적인 관계에서 이루어진다. 중세의 기독교적인 봉건사상에 반기를 든 그가 기독교의 상징인 십자가에 대해 반감을 느꼈던 점은 그 단적인 표현이었다. 오히려 그는 '폭풍과 노도기'의 조류를 타고 프랑스의 자유사상과 루소의 부르짖음에 호응하여 인간의 참된 현실을 이성으로 장식해서 거기에서 성립되는 계몽주의에 반기를 들고 인간을 바탕으로 하지 않는 고답적인 유일신에 저항하면서 자연과 인간 가운데 깃들 신을 추구하는 범신주의에 호감을 갖는다. 즉, 그의 주정주의는 범신적인 세계감정으로 신과의 인간적인 관계에서 이루어진다. 작품 『파우스트』에서 주인공은 신학에 대해 회의에 찬 독백으로 다음과 같이 실토한다.

"아! 나는 철학, 법학과 의학, 심지어는 신학도 열심히 공부했다."

이상과 같이 학문의 무한성에 호소하고 있다. 메피스토 역시 학생과 토론하는 장면에서 신학은 이론적인 논쟁 외에 아무것도 아닌 것으로 빈정댄다. 그레트헨의 종교에 관해 이야기를 하는 중에 파우스트는 교회에서 가르치는 신을 믿지 않는다고 고백한다. 그레트헨은 애인의 독선적인 신앙고백에 놀라고 당황한다. 괴테도 주인공 파우스트와 같이 전통적이고 기독교적인 믿음을 거부하는 사람 중의 하나였다. 괴테는 이런 의미에서 이교도였다. 서제의 동굴 밑에서 파우스트는 좀더 진정된 기분으로 신약성서를 독일어로 번역하게 된다. 「요한복음」에 있는 Logos를 '행위'라고 번역하게 되는 것은 그가 추상적인 사색을 싫어하고 현실적인 생활로 들어가려는 태도를 표시하는 것이며 제2부의 세계를 예시하고 있다. 복슬개는 이런 종교적인 분위기가 싫어서 방해를 하려고 하기 때문에 파우스트는 십자가상을 들이대며 악마의 영으로서의 자기의 본질을 설명한다. 이것은 천상의 서곡에서의 신의 악마관을 뒷받침하는 것으로서 사실 메피스토펠레스는 파우스트를 자극하고 유혹하지만 파우스트는 오히려 그런 자극 때문에 활력을 얻게 되고 과오속을 헤매며 심각한 체험을 하게 된다. 그 영혼은 점점 청명한 곳으로 접근한다. 그러나 파우스트의 종교적인 방어에 못 이겨 메피스토펠레스는 이 장면에서는 그대로 물러난다. 주문과 악마와의 결탁으로 자기대로의 신을 추구하는 파우스트는 새로운 인간성을 토대로 천년의 전통을 지닌 기독교적인 신의 아성을 떠난다. 악령을 인간의 결함에만 주목하고 인간의 존재를 파괴하려는 소위 부정의 영인 것이다. 마치 자연의 파괴작용과 같이 인간세계에 나타나는 신의 사업을 교란하고 사랑과 광명을 악으로서 절감하려 드는 것이다. 그러나 이러한 악의 힘은 인간의 존재를 위하여 불가결한 것으로서 허용하고 있다. 왜냐하면 인간의 약점을 만회하고 태만해지기 쉬운 인간을 자극하기 위해서 인간에게 붙여 두어 악마로서 일을 시키는 것이다.

"즉 선한 사람은 비록 어둠의 행동 속에서도 옳은 길을 의식하고 예정된 구원의 신을 알고 있기에 이렇게 단정한다."

"그는 지금 오리무중에서 나를 따르고 있지만 얼마 안 가 그를 청명한 곳으로 인도할 것이다. 보아라 원정도 푸름이 싹트는 어린 나무를 보면 이듬해에는 꽃이 피고 열매가 열 것을 알지 않으랴."

이 원정이 바로 신인 것이다. 악마 메피스토펠레스는 오성을 가져 논리적으로 총명한 두뇌의 소유자이긴 하지만 이성을 가지고 있지 않아 생성발전하는 신의 사업을 이해할 수가 없다. 그는 신의 하인의 하나이면서도 신에 대항을 하고 파우스트를 타락시켜 그 영혼을 지옥에 떨어뜨릴 수 있다고 호언장담한다. 그러나 인간은 노력을 하는 한에서는 길을 헤매는 것이라고 신은 인간의 과오를 승인하고 착한 인간이란 설혹 어두운 충동에 사로 잡혀도 올바르지 않은 것은 믿지 않는 법이라는 것을 알고 있다. 이것이 바로 괴테의 구원의 사상이다. 그래서 악마가 아무리 유혹을 해도 파우스트는 결국 구원을 받을 수 없는 인간이라는 것을 알고 있기 때문에 신은 메피스토펠레스에게 마음대로 행동할 것을 허용한다. 그리고 신이 메피스토펠레스처럼 신의 대업을 부정하고 파괴하는 영의 존재를 허용하는 이유도 이 서곡에서 분명하게 표명되어 있다.

"좋다, 네게 맡겨 주겠다! 이 영을 기원으로부터 인도하라. 너는 영을 캐어 볼 것이지만 네 할 일과 구분하라! 고백할 일이 있다면 부끄러워할 줄도 알라! 착한 사람은 어두운 충동 속에서도 올바른 길을 알고 있느니라. 인간의 행동은 이완되기 쉬워서 무제한 휴식을 바라는 고로 그들에게 자극을 주기 위해 악마를 붙여두는 것이다."

그리고 대천사가 찬양하듯이 가끔 폭풍우가 일어나서 파괴가 있어도 악마의 길은 인간을 자극해서 오히려 신의 사업을 돕는 것이다. 그리하여 신과 내기를 걸고 메피스토펠레스는 신이 나서 지상계로 내려가서 파우스트를 유혹하려 든다. 파우스트가 종래의 학적일원의 세계를 버리고 생명의 흐름에 몸을 맡기려면 맡길수록 그의 모순은 더욱 견딜 수 없을 정도까지 이른다.

"아! 내 가슴속엔 두 개의 영이 살고 있다. 그 하나가 다른 하나와 떨어지려 하고 있다. 하나는 악착스러운 애욕으로 이 세상을 거머잡고 다른 하나는 이 티끌의 세계를 떠나 높은 어둠의 세계에 오르려고 하고 있다."

이리하여 메피스토펠레스가 등장한 시기가 온 것이다. 정령은 파우스트가 주문으로 불러낼 수가 있는 파우스트적인 신의 상징이다. 파우스트는 이 정령을 지신이라고 불렀지만 그레트헨 앞에서 이런 명칭은 통하지 않는다. 파우스트에게 이 지신은 유일신의 형태가 아니고 수많은 형태로 나타나기 때문에 많은 명칭을 갖고 세상에 커다란 영향력을 가지는 것이다. 이것을 우리는 행복, 양심, 사랑, 신이라고 불러도 좋다. 근본에 있어서 이것들은 감정인 것이다. 감정은 파우스트에게는 실재이고 명칭은 공허했다. 이러한 지신의 출현을 철학적으로 본다면 정신의 객관적인 현상이다. 형이상학적인 가정을 통해서 파우스트는 피안의 저주에서 구원되고 있지만 괴테에게는 주인공의 구원이 아니고 몰락이었다.

메피스토는 파우스트의 고뇌를 알아차리고 그의 고뇌를 풀어줄 것을 약속하면서 자기에게 사후의 영혼을 허할 것을 청한다. 작가는 작품의 구성을 위해서 천상을 통해서 세계를 거쳐 지옥으로라고 하지만 파우스트와 같이 지옥에서부터 세계를 거쳐 천상으로의 체험이 이뤄진다. 파우스트적인 세계관과 그 범신주의에는 신성과 전수의 순간이 있다. 실러의 『군도』에 나오는 칼 모아(Karl Moor)는 파우스트적인 세계관을 지니고 있으므로 다음과 같이 얘기한다.

"나는 나의 천국이자 나의 지옥이다."

이 말은 원래의 파우스트의 전설과 괴테 문학의 궁극적인 개념의 차이인 것이다.

괴테의 기독교와의 관계를 그린 시로 「프로게테우스」를 들 수 있는데 그는 제 신에 대해서 싸우는 것이 아니라, 형이상학적인 자유를 위해 투쟁한다. 프로메테우스의 해석으로는 제 신들은 힘, 지혜, 사랑으로 나타나서 괴테 자신도 고독감을 느끼지 않은 것은 제 신들과 동족임을 느끼기 때문이다. 이와 같은 범신적인 세계감정은 신과 인간의 관계에 대한 표현이다. 반면에 괴테가 기독교적인 신에게 반항하는 의미에서 「가니메드」의 시를 썼다는 것은 의의 있는 일이라고 볼 수 있는데 가니메드 신의 도취는 프로메테우스의 신의 도취와는 다르다. 즉 프로메테우스는 형이상학적인 자유를 위해 투쟁하는 세계 전체인 데 비해 가니메드는 스피노자의 범신사상을 자신 속에 품고 있다. 신이 없는 실러의 주인공 프란츠 모아에 비교해서 프로메테우스는 성서 속의 신에 대해 인간의 자유를 위해 투쟁한다. 그는 인간이 존재와 향락과 소유감에 대한 투쟁으로 용기를 나타냈을 때 칭찬한다.

"인간들이여! 그대들은 퇴폐하지도 않으면서 부지런하며 게으르기도 하다. 무자비하고 온화하며 관대하고 인색하구나! 너희는 같은 운명의 형제를 닮았도다."

프로메테우스는 제우스의 학대를 받았지만 올림피아 제 신들의 혈통에 속한다. 이런 뚜렷한 핏줄에도 불구하고 프로메테우스는 확언하기를 "나는 신이 아니다"라고 한다. 『시와 진실』 제8권에서 청년 괴테는 원래의 종교성에 관해서 창안해 냈던 프로메테우스의 내용을 언급하고 있다. 그의 작품 속의 주인공 프로메테우스는 애인 미네르바를 통해서 신성을 느낀다.

"당신은 내 영을 닮았고 애초부터 당신의 말은 천상의 빛과 같았소! 솔직하면서 조화를 잃지 않았소. 말이 내 자신이었고 신성마저도 언급하지 않았소. 당신과 나만이 하나가 되어 충심으로 영원히 내 사랑을 당신에게 속삭였던 것이오."

"내적인 근처에서부터 당신은 희로애락에 깊은 감동을 느끼고 눈물로 마음을 달래오. 당신 주변의 모든 것이 어드운 밤으로 침잠함으로 고유한 느낌 가운데 하나의 세계를 열지요.
그리고서는 인간은 죽어 가는 것이다. 판도라 그리고 죽은 후에 프로메테우스의 향락 가운데 희망하고 욕망하는 것이오."

주인공 프로메테우스는 죽음과 사랑을 애기할 때면 동요한다. 마음속으로부터 치미는 감정으로 감격한 프로메테우스 자신의 세계를 잃고 마는 것이다. 그러므로 그는 죽음, 사랑, 생산, 창조라는 말을 하나의 사건으로 생각했다. 프로메테우스는 생의 충만을 이룰 것을 자기의 신으로부터 부탁받는다. 이런 관점에서 괴테 자신은 『시와 진실』 가운데서 프로메테우스의 형태를 말하고 있다.

"인간이 고독할 때 중요한 일을 생각해 낸다. 사람들의 칭찬을 받은 나의 일도 고독의 산물이고 내가 세계에 대해서 보다 폭 넓은 관계를 유지하고 있으므로 창안의 능력이 문제가 아니라 실천이 문제가 된다. 프로메테우스의 사고방식대로 제 신에게 등을 돌리면 나의 사고방식은 한층 자유스러워진다."

즉 시「프로메테우스」는 천상과 넓은 영역을 포괄하고 있다. 괴테는 너무나 인간적인 문체로 그의 인도주의 문학을 이루고 있다. 그의 초기 작품 중의 하나인 『영원한 유대인』에서는 크리스토가 이 세상으로 내려와서 골고다의 고통을 회상하면서 세계의 고뇌를 포괄하는 범신과 만난다. 괴테가 포괄한 크리스토의 자태, 인간이 된 신의 사랑은 작가가 지금까지 의식하지 못한 성스러운 생각을 불러일으켰다. 『영원한 유태인』에서와 같이 『모하메트』에서는 괴테의 성스러운 종교적인 감정과 자유의 감정으로 세계의 축복을 그리고 있다. 또 괴테의 중요한 의의는 생활 자체가 자명해지는 행동에 있다. 이 행동은 선행을 시도했고 우리 자아의 자유와 전체와의 관계를 구명코자 하였다. 그는 부정 가운데 전체를 파악하려 들었고 카타스트로페를 지양하지만 실행에 옮기지는 못한다.

  이러한 소위 형이상학적인 자유추구의 수단은 인간의 감정이고 제한된 인간성을 억압하고 인간사와 무관한 신을 얘기하지는 않는다. 파우스트가 악마의 힘을 입어 지상의 축복을 받고 지옥의 고통도 항상 예감하지만 이에서 탈피하려고 몸부림치는 주인공의 인간적인 특징이 있다. 오히려 지옥으로부터의 구원의 개념은 이와 같은 고통을 끝내게 해주는 것이다. 파우스트가 신의 자비 가운데 주님께 받아들여진다는 일은 승천의 사상에서 자명해질 뿐만 아니라 파우스트의 불멸을 외치는 천사에 의해서 고지되는 것이다. 이와 같은 구원은 기독교의 기본 이념에 따르는 것이지만 죄인의 구원에 대해서는 괴테의 신앙과 기독교의 신앙 사이에는 근본적인 차이가 있다. 기독교의 구원과는 달리 파우스트는 지상의 죄와 어두운 생의 충동에도 불구하고 항상 착한 인간으로 처신하기 때문에 파우스트는 승천한다. 영원한 노력과 전진으로 구원을 얻는 것이다.

"항상 노력하는 자를 우리는 구원해 줄 수 있으리라!"

파우스트가 죄를 범했지만 신 앞에 정당함을 인정받으므로 그의 발전을 상승발전으로 보는 것이다.

"인간은 노력하는 한 과오를 범한다."

인생은 완성을 향해서 노력하자면 과오도 범하게 된다. 그러나 파우스트는 과오를 두려워하기 때문에 자기의 착한 성향에 따른다. 착한 사람은 어둔 충동을 받아도 올바른 길을 알고 있다. 이런 자만이 결국 과오에서 벗어나서 신으로 이르게 된다. 기독교인의 가장 중요한 덕이 인내심이라면 파우스트적인 인간의 덕은 최선의 노력으로 절망을 극복하는 것이다. 여기에서 괴테의 구원관이 성립되고 완성될 수가 있다. 괴테의 인도주의 문학은 오성의 체계로 인생억압에 대한 반향이고 자연과학과 철학의 이론적인 체계나 신 조직체에 대한 반향으로 인도주의 운동에 앞장선 경향문학의 특성을 지니고 있다. 착잡한 현실에서 출발해서 구원의 빛인 인간애, 그 속성인 자유, 평화, 사랑이 괴테가 추구하던 정신이다. 이 시대의 선구자 루소는 '자연으로 회기'를 부르짖고 계몽주의에 반기를 들었던 개체의 인간성을 상실한 문화인에 대해 자유인을 찬양하는 것으로 인도주의 사상을 고무시켰다. '폭풍과 노도기'의 이 높이 평가된 괴테의 정신문화는 신에 대한 자연적인 경건심에서 기독교적인 신에까지 이르렀지만 물질주의에는 반대했다. 루소의 "감정은 이

성보다 우월하다"라는 말은 괴테의 "감정은 모든 것이고 음성은 음향이고 모연에 불과하다"라는 말로 나타냈고 여기서 감정은 인간애가 충만되고 선으로 통하는 것이어서 인도주의 사상이 바탕이 되고 있다. 생활로 파악된 자연과 신을 통한 생활을 괴테는 자연이란 말에서 느꼈다. 헤르더의 사상을 괴테는 '신-자연'이란 말로 요약하였다. 여기서 신이란 기독교에서 말하는 신이 아니라 자연 가운데 내재하므로 유행을 띠고 자연에 대해 일종의 경건심을 불러일으켜 범신주의를 의미하는 신을 말하는 것이다. 이 사고방식에서 '신-자연'의 관계가 성립하고 신의 위엄성에 억압된 인간이 아니라 사랑이란 교량으로 원만한 인간성은 신으로까지 이른다. '신-자연'은 형이상학적인 자유를 욕구하여 기독교적인 유일신에 반항하는 의미에서 「가니메드」 시를 썼다는 일은 뜻 있는 말이다. 「프로메테우스」에서는 형이상학적인 자유를 추구하는 데 비해 「가니메드」에서는 스피노자의 범신사상을 내포하고 있다. 프란츠 모아와 비교해서 프로메테우스는 신적인 자유를 벗어나서 성서 속의 신에 대해 인간의 자유를 위해 싸운다. 괴테는 인간을 정신적이고 조직적인 모순의 통일로 보았고 광범위하고 순연한 인간성의 자유를 찾는 인도주의의 이념을 추구하고 있다. 폭정에 항거하는 괴쯔와 에그몬트, 사랑의 자유를 찾고 신에게로 이르려고 시도하는 베르테르 문학이 이루어진다. 괴테와 인도주의 이념은 '폭풍과 노도기'를 중심으로 일단락되고 고전주의의 『이피게니에 아우프 타우리스』를 중심으로 다시 점화된다. 인도주의의 가장 중요한 부분인 사랑과 구원의 문제를 총괄해 보고자 한다. 그레트헨은 파우스트의 순진한 사랑에 끌리어 어머니와 자기의 자식까지도 죽인다. 솔직담백하게 자기의 죄를 회개하고 자기의 갈 길을 그르치지 않았다. 『파우스트』의 제Ⅰ부의 마지막 장면에서 "그는 벌을 받을 것이다"라는 악마의 소리를 비웃듯이 "구원받았느니라" 하는 천상의 소리로 막을 닫는 데서 제Ⅰ부는 시련으로 끝난다. 이 작품에는 순수한 사랑과 사회의 규범이나 도덕적인 규제를 받는 사랑 사이에 심각한 갈등이 있다. 파우스트는 페르난도와 같이 버림을 받은 부인으로부터 용서를 받는 것이다. 이런 성의 욕구는 시민도덕 위에 초연히 솟아 있고 자신마저 그 도덕의 강압성에 귀를 기울이고 있다. 파우스트가 고귀한 인간성을 상실했음에도 그를 옹호해 주는 것은 그레트헨 자신이다. 클레르헨은 에그몬트와 같은 사람의 사랑을 받을 만하다. 그러나 이루지 못한 사랑을 비관하고 자살함으로써 클레르헨의 사랑은 예외적으로 사면받는 죄의 특징을 지니고 있을 뿐만 아니라 자연도덕을 계시해 준다. 작가는 성도덕의 관점에서 저주받은 클레르헨을 구원해 줄 수 있다는 데 그 의의가 있다. 이는 베르테르의 결과에서도 마찬가지로 지상에서 허용되지 않는 사랑을 비관하고 자살함으로써 롯데에 대한 사랑으로 천상에까지 승화해 간다. 한편 인생의 모순된 욕구에서 파우스트의 문제점은 생긴다.

 파우스트는 유한 가운데 무한을, 개체 가운데 전체를 세계에서 신을 포용하려 들기 때문에 문제는 심각해진다. 욕망과 환멸의 끝없는 변화 가운데서 그는 휴식도 없는 악마가 되는 것이다. 기독교에서는 죄악시되는 자살이 초기 괴테의 문학에서는 신으로의 귀의 즉 신과의 합일로 보고 자유화의 길이자 구원의 길로 보았다. 구원문학의 골수하면 『이피게니에 아우프 타우리스』를 빼놓을 수 없다. 이피게니에의 고귀한 인간성과 참된 박애성이 그 여자의 화신이었다. 오레스트가 개심했다면 이피게니에는 경건성과 공평함의 특징이 있다. 그 여자 자신의 경건성으로 구원을 받아 성직자의 신분으로까지 상승되는 것이다. 고귀한 인간성은 기정사실화된 이방인의 죽음까지 구원해 주는 것이다. 이피게니에가 이방인에게까지 자기의 고상한 인품을 의식시켰던 점은 구원의 동기일 뿐만 아니라, 구원을 추구하는 도덕적인 이념은 과거의 도덕적인 착오와 심한 갈등을 일으킨다. 누이의 인간적인 매력을 통한 구원으로 그의 도덕적으로 타락한 인생은 새로운 의미를 찾는다. 이 점이 그의 도덕적인 부합과 함께 내적인 구원을 가져오는 것이다.

　이피게니에의 박애심과 구원의 힘은 토아스의 마음까지도 동일하게 불러일으킨다. 그 여자는 인간성의 위력을 믿을 뿐만 아니라 신적인 기본성격을 믿는다. 이는 형이상학적인 고유가치를 확신하여 도덕과 인생을 조화시키려 드는 구원의 능력을 지닌 신성으로 나타난다. 파우스트에겐 메피스토펠레스의 도움을 받아 세상의 축복을 받고 지옥의 고통에서 탈피하려는 인간적인 투쟁이 있다. 오히려 지옥으로부터의 구원의 개념은 이와 같은 고통을 끝내게 해주는 것이다.

　기독교인의 가장 중요한 덕이 인내심이라면 괴테적인 인간의 덕은 최선의 노력으로 절망을 극복하는 것이다. 이 점에 괴테의 구원관이 성립되고 완성되어 가는 것이다.

4

작품 내용 및 해설

(1) 『연인의 변덕』

『연인의 변덕』(*Die Laune des Verliebten*, 1768)은 괴테가 19세 때 라이프치히 수학시절에 지은 작품으로 1막으로 된 전원극이다. 즉흥작품으로 오늘날도 많은 사랑을 받고 있고 연인을 위한 상연에 특히 적합하며 17~18세기에 유럽의 유일한 전원극으로 독일 고전이 된 작품이다.

주인공 에리돈(Eridon)은 아미네(Amine)를 사랑하지만 질투심에 불탄다. 자신이 춤을 즐기지 않으므로 그녀가 다른 남자와 춤을 추는 것을 참을 수가 없고 춤을 출 때 손을 잡기만 해도 죽도록 미치게 되는 것이다. 그러므로 그녀는 다른 젊은이들과는 춤을 춰서도 안 되고 교제를 끊어야 하는 것이다. 이 폭군 같은 사랑에 연약한 아미네는 이런 사랑을 감당할 수가 없다. 다행히도 친구 에글레(Egle)가 이에 대한 대책을 마련해 주었다.

그녀는 남자친구 라몬(Lamon)과 함께 내면적이면서도 관대한 사랑의 모범을 보인다.

라몬은 다른 파트너와의 키스까지 용납해 준다. 에글레는 에리돈의 고통에도 종지부를 찍어 주는 계기가 된 것이다. 그녀는 에리돈에게 이해를 시켰다. 당황해진 에리돈은 그녀의 인간적인 매력에 압도되어서 아미네를 이해하게 되었다. 이제 죄의식을 느낀 에리돈은 아미네가 다른 남자에게 키스하도록 입술을 준 적이 없다는 사실을 알게 된다. 이와 같이 에글레는 모든 질투심을 내는 남자들에게 그들이 한 소녀를 의심하기 전에 심사숙고하도록 충언을 한다. 이런 사랑의 폭정에 대해서 연약한 아미네는 순수한 사랑 이외에는 아무것도 알지 못한다. 그녀는 이런 사랑으로 단지 손해만을 감수해야 하는데 다행히도 그녀의 여자친구 에글레는 이에 충고를 줄 수 있는 것이다. 에글레는 한 소녀를 괴롭히기 전에 자신의 행위를 생각하라고 에리돈에게 충고를 한다.

애인을 위한 상연으로 적합한 내용의 이 작품은 17~18세기 유럽에서 대단히 사랑받은 시풍이 독일 고전문학으로 들어온 우아한 작품이다.

(2) 『공범』

『연인의 변덕』이 발표된 즉시 만들어진 3막으로 구성된 희곡 『공범』(Die Mitschuldigen, 1768)은 역시 알렉산드리너 시행으로 쓰였는데 무대의 안정과 언어의 노련미를 보여주고 있고, 1777년 바이마르의 소인무대에서는 괴테 자신이 알체스트(Alcest) 역을 맡았다.

이 작품의 모든 출연자의 재치 있는 공범의 사건과 신랄한 중간극과 더불어 소피(Sophie)의 알체스트와의 만남으로 오늘날도 생생한 무대효과를 올리고 있다.

유복한 젊은이 알체스트는 일정기간 여관집의 손님이다. 그가 여기에 단골손님이 된 동기는 이 여관집 주인의 딸 소피 때문인데 이 여인을 그는 이전에 한번 사랑한 적이 있었다.

소피는 그사이 경솔한 쵤러(Söller)와 결혼했지만 행복하지를 못했다. 쵤러는 게으르고 쾌락을 일삼으므로 계부와 그 부인의 질책을 면할 길이 없었다. 알체스트는 소피와의 재회를 엿보지만 소피는 될 수만 있으면 그를 피한다. 알체스트가 떠나겠다고 위협하자 마침내 소피는 알체스트 방에서 밤에 만나는 데 동의한다.

일이 성사되기 전에 쵤러는 알체스트의 방에 기어들어가 절도한 돈으로 쪼들리는 놀음 빚을 갚으려고 했다. 그렇지만 그는 여관집 주인이 왔을 때 알체스트가 받은 편지에 대한 호기심으로 이 방을 떠나지 못하고 있었다. 여관집 주인은 딸의 발소리를 듣고서 나간다. 그녀는 바로 밀회를 하려고 들어오는 소피였다. 알체스트 방의 벽 물림간에 숨어 있던 쵤러는 뜻하지 않게 자기 부인과 알체스트와의 만남에 증인이 되어 버렸다. 소피는 한때의 친구에게 자기 남편이 경솔해서 자기가 얼마나 불행한지 그리고 옛 친구를 얼마나 사랑하는지를 고백한다. 알체스트가 그녀에게 키스를 요구하자 그녀는 그를 떠난다.

다음날 아침에 여관집에는 알체스트 방에서 밤에 절도를 당해서 큰 소란이 일어났다는 사실이 알려진다. 여관집 주인은 딸에게 누명을 씌우나 딸은 알체스트의 방에서 실초를 찾아내고서는 아버지에게 책임을 전가한다. 알체스트는 수심에 차서 사랑하는 소피가 절도범임에 틀림없다고 생각한다. 쵤러가 의문의 저녁무도회에 있었다는 점을 인정하기 때문에 아무도 그를 범인으로 생각지는 않는다. 쵤러가 알체스트에게 자기 부인에게 부정을 저질렀다고 논쟁을 벌임으로써 진상이 드러나는 것이다. 결국은 모든 네 사람 즉 여관집 주인, 소피, 쵤러와 알체스트는 공범자들로 서로 비난하지 말고 이번만은 처벌받기를 원치 않으므로 기쁨을 되찾은 것이다. 알체스트는 도둑맞은 돈을 관대하게 도적에게 건네주고 모두가 서로를 용서한다.

(3) 『괴쯔 폰 베를리힝겐』

5막으로 된 희곡으로 1774년 4월 12일 베를린에서 첫 공연을 하였다. 『괴쯔 폰 베를리힝겐』(*Götz von Berlichingen*, 1773)은 독일 희곡사에 일대 전기를 마련하였다. 이 작품은 원래 연대기로 기사의 자서전과 함께 1771년에 첫 판 『철권 고트프리트 폰 베를리힝겐』으로 간행되었다가 1832년에 괴테 전집에 실리게 되었다. 이 소위 『초고 괴쯔』는 무대용으로 사용된다. 제2판은 같은 출판사에서 나왔고 1804년이 되어서야 제3판이 나왔는데 3판의 차이점은 아델하이드(Adelheid) 역에 차이점이 있는 것이다. 이 작품에 특징이 있는 것은 평민과 귀족이 나란히 등장한다는 사실이다. 예를 들어서 기사, 시민이 농부와 함께, 교회에 귀족이 함께 등장한다는 것이다. 남녀의 운명, 제국의 전쟁, 농민전쟁과 개인의 반목이 중세의 시국을 반영하는 생생한 모습으로 결집된다.

제재는 16세기의 농민전쟁 당시 프랑켄 기사 베를리힝겐의 자전이다. 괴테는 괴쯔를 충성스럽고 용감하며 의리의

『철권 괴쯔 폰 베르리힝겐』 1773년의 초판 표지

기사로 표현했고 정의의 사도로서 그리고 있으나 적의관계와 배반에 의해서 망한 기사의 모범상을 이루었다. 또한 중세의 시대상을 잘 그렸을 뿐만 아니라 각 인물의 성격을 부각하며 그의 작가로서의 남다른 능력과 가능성을 보여주었다.

철권인 고귀한 기사 괴쯔는 제후들이 미워한다. 곤궁한 자들이 찾는 괴쯔 폰 베를리힝겐은 밤베르크 주교와는 적대관계에 있다. 밤베르크 사람들로부터 아델하이드 폰 바이스링겐을 빼앗아서 자기의 성 야그트하우젠으로 데리고 오는 데 성공한다. 그는 그가 포로로서가 아니고 손님으로 영접을 받고 자유기사

의 가치에 관해서 설득하고 있다.

　바이스링겐은 불행한 궁정생활과 부인들과 건들거리고 아첨하는 일을 포기하려고 한다. 그리고 겉으로 보기에는 새로이 괴쯔의 누이 마리아와의 약혼으로 옛 로마 교우와 굳게 결합한다. 밤베르크 궁정에서는 바이스링겐이 떨어져 나감을 섭섭하게 생각한다. 바이스링겐의 자식인 프란쯔가 그에게 야크트하우젠으로 왔을 때 사람들이 그를 얼마나 유감으로 생각하고 한 천사가 아델하이드 폰 발도르프에게 밤베르크를 새로이 천국의 현관으로 만들 것을 위임했다.

　옛날 군주와 아델하이드와의 교제는 바이스링겐과의 동맹을 파기하기 위해 충분할 것이다. 밤베르크로 출발한 괴쯔의 충실한 자식 게오르크는 보다 자세한 것을 알리기 위해서 그의 얼굴 가운데서 악덕의 자백을 알게 된다. 바이스링겐은 아델하이드와 결혼하고 괴쯔의 적대편에 다시 서는 것이다.

　마리아는 괴쯔와 동일한 마음씨를 품은 프란쯔 폰 시킹겐에게 한 고귀한 사람의 모습을 그녀의 눈동자에서 지워 버리려는 것이다. 그러는 동안에 괴쯔 머리 위로 어두운 구름이 드리운다. 그가 이 땅의 핍박받는 자들을 도울 수 없기 때문에 프랑크푸르트의 장에서 돌아온 뉘른베르크의 상인들을 새로이 습격하고 약탈했는데 황제는 그를 추방했다.

　바이스링겐은 황제에게 특히 엄하게 충고를 준 사람이다. 제3시행은 괴쯔를 좁은 데로 몰아서 산 채로 잡을 것을 명령했다. 괴쯔는 게오르크 소년과 그와 새로 만나는 레르제에게서 최상의 전우임을 깨닫고 제국의 군대가 용감히 싸우지 않는다.

드디어 그는 자유로운 후퇴의 제안을 받아들였다. 그렇지만 그가 성을 떠나자마자 그들은 그에게 배신감으로 낙담했다. "황제의 이름으로 그들의 맘을 지키지 말지어다"라고 괴쯔가 분개해서 소리쳤다. 하일브론의 시청에서 그는 복수의 단념을 서약하라고 황제에게 요구했다. 그들이 그에게서 폭도의 기질을 알아차렸기 때문에 그들과 격렬하게 맞닥트렸다. 제 순간에 프란쯔 폰 시킹겐을 기병대와 함께 풀어 주었다. 하지만 그의 자율노력의 기본과 신뢰는 깨진 것같이 보인다. "나는 모르겠다. 얼마 전부터 나의 영혼 가운데는 즐거운 전망이 보이지 않는다"고 말하고는 그는 자기의 성곽 야크트하우젠으로 돌아가려고 한다.

거기에서 그의 부인이 그에게 그의 연대기를 계속하라고 동기유발을 하는 것이다. "나 자신보다 나은 이웃을 위해서 더 땀을 흘렸고 많은 재물이나 계급을 얻으려고 일하지 않았다는 것을 신은 알고 있다"라고 그는 용감하게 스스로 말할 수 있는 것이다. 그러나 아직도 그의 일은 이루어지지 않았고 그의 위대하고 힘든 과제는 그를 기대하지 않는다. 능부들은 놀라운 봉기를 일으켰다.

도처에서 그의 일이 진행된다. 그들은 화재와 상해의 최초의 소란이 가라앉은 후에 괴쯔 폰 베를리힝겐을 자기의 대위한테 데려가려 하고 괴쯔는 그들에게 결합하려고 결심한다.

괴쯔 폰 베를리힝겐이 농민들과 연대를 맺고 밀텐베르크를 불지르고 바이스링겐의 기사들이 살인 방화자들을 습격한다. 사태가 이렇게 되자 밀텐베르크의 방화가 즉시 그와 농부의 수

령 사이에 분쟁을 야기시켰다. 바이스링겐의 기사들은 살인 방화자들을 습격하고 괴쯔가 파견한 용감한 게오르크는 그들을 지지하기 위해서 죽고 괴쯔는 부상당하고 체포당한다. 우리가 그의 운명에 대해서 더 알아보기 전에 작가는 바이스링겐의 말로를 알려 준다. 아델하이드는 그가 싫증이 난다. 그래서 보다 고귀한 것과 새로운 교황의 호의를 추구한다. 바이스링겐의 하인은 그 여자의 은밀한 사자가 그 매력에 빠져 있어서 바이스링겐에게 은밀히 독을 불어넣도록 유혹을 당하는 것이다. 프란쯔는 창문에서 강으로 투신한다.

바이스링겐은 모든 사람에게서 버림받고 죽는다. 괴쯔의 부인이 그에게 보낸 마리아만이 괴쯔를 위한 자비를 얻기 위해서 황제의 경감 곁에 있다. 이제 아델하이드는 죽어 가는 자를 위로해야 한다.

비밀재판에 의하여 괴쯔는 사형선고를 받는다. 이제 우리는 괴쯔의 최후를 체험하게 된다. 하일브론 탑에 그는 갇힌다.

그들은 점차적으로 나의 손, 나의 자유, 재물과 명예의 손상을 입혔다 하지만 탑가의 정원에서 어느 아름다운 봄날에 부인 마리아와 레르세가 지켜보는 가운데 영광스런 죽음을 맞는다. "천상의 공기여! 자유! 자유!" 이것이 그가 절규한 마지막 말이다. 마리아와 레르세의 다음과 같은 애도로 작품을 끝맺는다.

"고귀한 분, 당신을 내치는 세기여! 당신을 알아보지 못하는 후손이여 슬프도다!"

괴테의 『괴쯔 폰 베를리힝겐』은 독일 역사극의 위대한 시기를 연 작품으로 3편으로 되어 있다. 원래 극화된 연대기로 고려되어서 기사의 자서전과 함께 초고로 1771년에 생긴 제1판은 철권 고트프리트 폰 베를리힝겐의 이야기인데 최근의 괴테의 전집의 제1판이 1832년에 인쇄되어 나왔다. 이 소위 『초고 괴쯔』는 오늘날 자주 교재와 무대공연용으로 선택된다. 제2판은 제1판에 대해서 교재의 집중도나 외향적인 면을 중점적으로 묘사하고 있다.

많은 점에 있어서 제1막의 원고의 신선감이 부족하다. 괴테는 1804년에 또 한번 제3판을 출판했는데 시대의 특이한 무대 관계를 고려하고 곳곳에서 근본적인 문학의 요소를 빼앗겼다. 제3판에 있어서 차이점은 우선 아델하이드의 영에 관한 것이고 아델하이드는 『초고 괴쯔』에서 강하게 인상을 나타냈다. 상기의 내용은 대부분 1773년의 제2판에 의지하고 있다. 작품에 특이한 특징을 부여하고 그의 시대의 전창작으로 고양한 것은 역사적·정치적 배경인 것이다.

기사, 시민과 농민은 황제, 교회와 귀족과 같이 현실의 현상으로 나타난다. 남자의 운명, 여자의 운명, 제국의 전쟁, 농민전쟁, 사적인 반목, 사라지는 중세의 생생한 모습으로 결합을 이룬다. 이런 배경 앞에서 괴쯔의 자태는 대조를 이루고 있다. 이 사람의 운명 속에는 전세대가 오목거울에서처럼 감금돼 있는 것이다. 바이스링겐의 비극 가운데는 괴테가 처음으로 모순적인 특징과 매혹적인 창작가로서 증명된다.

(4) 『젊은 베르테르의 슬픔』

괴테는 1774년 약 1개월간에 탈고한 『젊은 베르테르의 슬픔』 (*Die Leiden des jungen Werthers*, 1774)으로 세계적인 작가로 발돋움한 것이다.

주인공 베르테르는 롯데를 사랑하나 이미 약혼한 그녀에게 좌절감, 괴로움과 슬픔이 교체하는 불행한 사랑에 베르테르가 자기 친구 빌헬름에게 보낸 편지를 주로 해서 엮어져 있다. 이 소설의 동기는 괴테가 1772년에 베츨라르(Wetzlar)에 머문 적이 있다. 이는 부친의 요청으로 제국 대심원에서 3개월간의 법률 사무를 실습하기 위해서였다. 이때 알게 된 제국 대심원의 서기 케스트너가 『젊은 베르테르의 슬픔』에 나오는 알베르트의 모델이 된 것이다. 케스트너는 어느 무도회에 그의 약혼녀인 샤를롯데 부프(Charlotte Buff)를 데리고 참석했다. 그녀의 나이 방년 19세로 야무지고 침착하고 감수성이 강한 그녀에게 괴테는 한눈에 매혹당하고 만다. 샤를롯데는 작품에서

『젊은 베르테르의 슬픔』 초판 표지
(라이프치히, 1774년)

롯데로 등장하는 것이다. 당시 어머니를 일찍이 여의고 홀로 어린 동생들을 돌보고 있는 롯데의 모습은 나이에 비해서 성숙함을 보여주었다. 이제 케스트너의 관대함과 샤를롯데의 나이에 비해 진중함으로써 별 문제는 없었으나 괴테의 그녀에 대한 사모하는 마음이 깊어지자 괴테는 스스로 결심하고 1772년 9월 베츨라르를 홀연히 떠나고 만다.

또한 괴테가 베츨라르에서 사귄 친구인 예루살렘(Jerusalem)이란 청년이 있었는데, 내성적이고 사회생활에 적응을 못하고는 1772년 10월 베츨라르의 케스트너에게서 빌린 권총으로 자살을 하고 만다. 자살의 원인은 자기 친구의 부인을 흠모한 나머지 이루지 못할 사랑을 비관하고 자살했다는 것이다. 참으로 어처구니없는 일이다. 주인공 베르테르 상에는 괴테의 샤를롯데 부프에 대한 비련의 체험과 자기의 친구 예루살렘의 친구부인에 대한 실연이 복합 투영되어 나온 상인 것이다.

당시 소설이 오락과 교양을 모토로 쓰여지는 것이 보통인데 이 작품에서 이루지 못할 사랑을 비관하고 자살의 길을 택하는 주인공 젊은 베르테르의 담대한 행위는 당시 이성만능의 18세기 계몽주의 시대에 당연하고 자연적인 인간의 욕구와 그 발로인 것이다.

즉 이성적인 제약에 억누를 수 없는 자신의 감정과의 갈등이 폭발하고 마는 것이다. 더구나 '서간체 소설'이란 장르를 택해서 감정의 발로를 자유스럽게 표현했다는 점이 세상에 큰 충격을 준 원동력이 되었다. 당시 계몽주의 만능 시대에 '폭풍과 노도기'의 시작을 알린 선구자적 역할을 한 작품이라고 할 수 있다.

　이 작품이 사회에 끼친 영향은 대단하다. 순식간에 영어와 프랑스어로 번역되어 나왔고 나폴레옹은 진중에서 이 작품을 7번이나 읽었다고 한다. 이 작품의 발표로 비관의 자살을 하는 사람이 많았는데 주인공과 같이 푸른 연미복과 노란 조끼를 입고 죽는 것이다. 한편으로는 부도덕한 내용을 담고 있다고 비난하는 층도 있었다.

　주인공 베르테르는 재주 있고 고귀한 성격의 소유자인데 정열이 넘치고 사회의 제한에 반기를 드는 자유주의자이기도 하다. 그러므로 평범한 시민으로서는 성격이 적합치 않다. 전원적인 시골생활이 좋아서 복잡한 인간생활에 염증을 느낀 그로서는 한적하고 평화스런 자연생활에 잘 적응하던 중에 이곳의 무도회에서 우연히 사귀게 된 귀엽고 매력적인 롯데에게 베르테르는 이내 사랑을 느끼게 되는데 어찌된 운명의 장난인지 롯데는 알베르트라는 청년과 이미 약혼한 사이라는 것을 알게 됨으로써 베르테르는 고민의 나락으로 떨어지는 것이다. 알베르트의 등장으로 어쩔 수 없이 절망과 고뇌의 구렁에서 피스톨로 자살의 길을 택하고 마는 것이다. 괴테가 애인 프리데리케 브리온을 버리고 양심의 가책을 받아서 괴로워하는 마음이 그려져 있다. 이와 같이 괴테는 체험이 곧 바로 문학으로 옮겨진 것이다.

(5) 『클라비고』

　작품『클라비고』(*Clavigo*, 1774)는 1774년 8월 23일 함부르크에서 처음 상연되었다. 카나리아 섬에서 마드리드로 온 신분도, 명예도, 재산도 없는 젊은 청년인 클라비고는 그의 저술로 수년 내에 왕의 문서과장으로까지 이르렀고 훌륭한 비전으로 야망에 차 있다. 단지 한 가지 마음 아픈 추억이 부담을 준다. 즉 언니와 마드리드에서 살고 있는 젊은 프랑스 연인 마리 보마르쉐즈와 결혼을 약속하고서는 그녀를 떠난 것이다. 클라비고의 친구 카로스는 그의 불안한 마음을 안정시켜 주며 충고한다. 여인으로 인해 남자는 헛되이 낭비한다. 그러니 현명한 결혼으로 승리의 왕관을 쓰라고 충고했다. 한편 마리의 형부 귈베르트의 집에는 그녀의 오빠 보마르쉐즈가 복수자로서 나타나 지체없이 변심한 클라비고에게로 향한다. 그리고는 누이의 이야기를 냉랭하게 하고서는 클라비고를 끝내는 힐책했다.

　　"나는 오빠이고 너는 배신자이구나!"

　그는 자기가 소설을 발전시키고 누이에게 남자를 제공하는 자로 온 것이 아니라고 한다. 그는 클라비고를 억압해서 자기의 하인들이 지켜보는 가운데 마리를 백 번 배신했다고 기만한 해명서에 서명하도록 억압한다. 클라비고가 마리와 결혼할 것인지 아닌지 밝혀질 때까지 보마르쉐즈의 서류는 유보된다. 클라비고의 마음의 변화가 형부의 집에서 받아들여진다. 소피는 클라비고의 변화를 믿으려고 하는데, 소피의 남편 귈베르트는 의심을 나타내며 클라비고를 비겁하고 가치 없는 인간으로 여긴다. 마리의 마음속의 마지막 의심은 클라비고의 등장을 막지만 열렬한 말로 그는 새로이 사랑을 고백한다. 그녀가 그를 용서하니까 그는 승리에 차서 소리친다.

"나는 태양 아래 가장 행복한 자이다."

보마르쉐즈는 그의 죄의 자백으로 증서를 찢었다. 하지만 우울하고 불행한 부엥크는 의심을 한다.

"나는 그를 최후의 심판 날까지 싫어한다. 당신들이 어떤 부류의 사람과 관계를 하는지 주의해 보시오."

마침내 그의 경고가 현실로 나타난다. 클라비고가 칼로스와 함께 다시 왔을 때 칼로스는 궁정의 여러 사람들 앞에서 그의 주위의 부하들이 지켜보는 가운데 결혼이 부정적인 면이 있음을 절망적으로 얘기한다. 왜냐하면 마리가 가난하고 신분도 미천하고 절룩거리고 작은 눈이 푹 파이고 사지가 쇠약하다고 한다. 그리고 클라비고 또한 카를로스에게 마리가 모양이 없고 창백하고 초췌하다고 하며 다음과 같이 절규하면서 칼로스의 품에 안긴다.

"나를 구해 주오. 친구! 최상의 친구여 나를 구해 주오!"

클라비고는 즉시 마드리드를 떠나야 한다. 칼로스는 보마르쉐즈가 강요하는 등장 때문에 답변을 요구받을 것에 대해서 걱정을 하고 있다. 클라비고의 새로운 배신은 직접 재앙으로 이른다. 나라를 곧 떠나라는 충고를 받은 보마르쉐즈는 복수심에 불탄다. 마리는 새로운 격분을 이기지 못하고서 죽고 만다. 그녀의 장례식에서 클라비고와 마주친 보마르쉐즈는 클라비고를 죽인다. 클라비고는 순수한 후회와 함께 죽어가면서 마리의 시체에 엎드리고서 말한다.

"형이여 나는 감사하오. 당신은 우리와 결혼한 것이오."

그리고 뒤따라 달려나오는 칼로스에게 그는 보마르쉐즈의 구원을 보살펴 달라고 간청한다.

1774년에 수일간에 집필된 비극은 피에르 아우구스틴 카론드 보마르쉐즈의 제4편 회고록을 뒷받침하고 있다. 보마르쉐즈-클라비고의 대장면은 거의 단어 하나하나씩 초고에서 따와서 작품에 받아들여졌다.

이 비극의 폐쇄적인 구성은 줄거리와 섬세한 개성에 있어서 희곡의 입장에서 보면 괴테의 최상의 비극 중의 하나이다.

이 작품의 저자 괴테는 보마르쉐즈를 아우구스부르크의 무대공연에서 관람했다. 하지만 이 작품을 호의적으로 평가하지는 않았다.

(6) 『슈텔라』

　5막으로 된 연인을 위한 희곡으로 『클라비고』의 작품 이후 1년 후에 출판한 이 '연인을 위한 희곡' 『슈텔라』(Stella, ein Schauspiel für Liebende, 1775)의 매력은 부인의 특징을 묘사하기보다는 희곡적인 분쟁에 있다. 기백이 넘치는 슈텔라에 대해서 이미지같이 느끼는 체칠리아(Cäcilia)가 대립해 있다. 바이스링겐(Weislingen)과 클라비고(Clavigo)의 영적인 지주인 페르난도(Fernando)는 그들에 대해서 별로 납득이 가지 않는다.

　좀머(Sommer) 부인은 딸 루치에(Lucie)와 같이 한 여관에 머문다. 루치에는 이 여관 근처에 사는 슈텔라의 친구가 된다. 슈텔라는 그녀를 떠나 다시 돌아오지 않는 한 남자를 사랑하고 있었다. 우체국장 부인의 얘기에 의하면 슈텔라는 "이 세상에서 가장 아름다운 여인"이고, 좀머 부인은 슈텔라가 "못 잊어하는 남자를 내 운명의 상"이라고 했다. 바로 잘생기고 키가 큰 장교 페르난도가 같은 여관에 머문다. 알려진 바로는 그는 슈텔라를 떠난 애인일 뿐만 아니라 좀머부인의 남편이고 자기 딸 루치에의 아버지이다.

　페르난도(Fernando)는 그가 한때 부유한 삼촌 댁에서 유혹했던 슈텔라에게 후회심에 차서 돌아오려고 했다. 자기 부인과 딸과의 만남이 그를 심한 분쟁으로 몰아 넣는 것이다. 우선 체칠리아는 슈텔라가 얼마나 고상한 사람인가를 인식한 후에 즉시 루치에와 같이 다시 출발하려고 한다. 페르난도는 그 여자를 따를 것을 결심한다. 체칠리아가 페르난도의 부인이라는 사실을 그 자신의 입을 통해서 들어야 하는 슈텔라와의 최근의 상봉으로 그는 동요하게 된다. 그가 처음부터 끝까지 생각해 낸 상황은 체칠리아가 페르난도로 하여금 슈텔라를 위해서 자발적으로 자유롭게 해주려는 결심으로 해결책을 찾는 것이다. 페르난도는 그러나 이 희생을 받아들이게 놔두지 않는다. 그러므로 체칠리아, 슈텔라와 페르난도는 상호간의 상황을 즐긴다. 이 긍정적인 전기를 괴테는 작품의 후반부에서 비극판으로 바꾸었다. 빠져 나갈 길을 모르는 페르난도는 권총자살로 타개하고 슈텔라는 독약을 먹고 같이 자살한다.

『클라비고』이후 1년 있다가 나온 이 희곡의 매력은 부인의 성격의 묘사에 있다기보다는 희곡상의 갈등에 있다. 기백이 넘치는 슈텔라에게 모정을 느끼는 세상과는 대치해 서고 바이스링겐이나 클라비고의 정신적인 범인 페르난도는 그들에 대해서 별로 설득력이 없는 것 같다. 이 갈등의 근본에 있어서 미해결점은 작품의 결말 부분에서 상징적으로 표현되는 것이다.

(7) 『자매』

1막으로 된 희곡 『자매』(Die Geschwister, 1776)는 1776년에 출간되었는데 바이마르 소인극을 위해서 쓰여졌다. 괴테는 1776년 11월 첫 공연 때 자신이 빌헬름(Wilhelm) 역을 맡고 아말리에 폰 코째부에(Amalie von Kotjebue)는 마리안네(Marianne) 역을 했다. 연인들의 관계에는 괴테의 슈타인 부인에 대한 감정이 깃들여 있다.

상인인 빌헬름은 마리안네와 함께 살았는데 그녀는 그를 오빠로 여긴다. 실제로 그녀는 이전에 빌헬름의 사랑을 받은 부인인 샤를롯데의 딸이다. 샤를롯데는 그에게 죽으면서 자기 딸을 맡겼다. 빌헬름은 항상 샤를롯데에 대한 회상으로 기뻐한다. 이 집 친구인 파브리체는 다시 한번 빌헬름의 이야기를 하도록 한다. 빌헬름은 자기 아버지의 재산을 다 써버리고 샤를롯데에 대한 사랑으로 확고한 상인의 생활로 접어들었다. 빌헬름이 방황하고 있는 동안 파브리체는 마리안네에게 토로한다. 그는 그녀를 사랑하고 부인으로 갈망한다. 오빠를 떠나야 한다는 생각에 참을 수 없는 마리안네는 책임회피의 대답을 한다. "우리 오빠하고 말씀하세요." —— 파브리체는 이 대답을 서둘러 긍정의 답으로 받아들인다. 되돌아오는 빌헬름에게 파브리체가 마리안네에 대한 구혼을 청했을 때 빌헬름은 자신이 얼마나 깊이 마리안네를 사랑했는지가 드러난다. 그는 파브리체에게 마리안네가 자기 누이가 아니고 자기가 한때 사랑한 샤를롯데의 딸이고 그녀를 꼭 닮은 사람이라고 설명한다. 이런 전기에 준비하지 못한 파브리체는 급히 집을 떠난다. 빌헬름의 도움 없이 마리안네는 파브리체에게 자신의 내면세계를 전부 드러낸다. 그녀는 파브리체와 결코 결혼할 수 없는 것이다. 왜냐하면 빌헬름이 그녀를 완전히 소유했기 때문이다. 그녀는 자기의 삶이 빌헬름에 대한 배려와 사랑으로 가득한 것을 생각하게 되었다. 이에 압도되어 빌헬름은 그녀의 발에 쓰러지고 놀라서 주저하는 오빠의 키스가 아니고 오로지 영원히 행복한 애인의 키스와 함께 포옹한다.

(8) 『이피게니에 아우프 타우리스』

괴테가 유리피데스의 비극에서 따온 『이피게니에』의 소재는 1779년에 시작한 것이다. 우선 산문으로 다루었그 점차로 시구로 개조했다. 5막으로 된 희극으로 제1차 상연은 1779년 4월 6일 바이마르에서 이루어졌다.

작품 『이피게니에 아우프 타우리스』(Iphigenie auf Tauris, 1786)는 1786년 로마에서 완성되었다. 괴테는 의미심장하게 고전에 접근해 갔고 즉시 독일어로 고전화해 가는 희극의 완성된 모범을 창작했다. 희랍풍의 비극의 모범에 따라 줄거리가 우선 과거를 드러내는 가운데 발전해 갔다. 작품의 끝에 가서 과거의 일과 능동적인 행위가 결합한다. 언어와 사상의 풍요는 마지막으로 완성된 것이다. 『이피게니에』는 우선 독일 희곡 가운데서 고대와 최근의 예술의지의 결단이 이루어진다.

유리피데스가 이 전설의 소재를 희극으로 형성했다면 괴테는 갈등을 영적인 것으로 변화시킨 것이다. 거짓말을 할 줄 모르는 순수한 여사제의 역할을 해설하는 것보다 이피게니에의 역할을 해설함으로써 괴테는 특히 인상깊게 인도주의 이념을 명시했다. 내면의 내용, 시구와 놀라울 정도로 해결책을 찾는 비극이 이 문학에서 유일한 순수성과 아름다움의 조화를 이룬 것이다.

유리피데스의 『이피게니에』에서의 주인공 이피게니에는 자신만을 생각하는 간부로서 등장하나 괴테는 이를 경건하고 신과 부모형제를 위해서 헌신하는 착한 여인상으로 바꾸었다. 슈타인 부인의 영향을 받고 쓴 작품으로 내용은 독일적이고 기독교적인 사상을 바탕으로 깔고 있다.

아가멤논(Agamemnon)의 딸인 이피게니에는 타우리스의 생활에 적응하지 못하고 하루종일 "희랍의 땅을 영혼으로 간구하면서" 바닷가에 서 있는 것이다. 그녀는 디아나(Diana)의 여사제로 이미 많은 선한 일을 타우리스에서 행했는데 무엇보다도 외국인이 디아나의 제단에서 희생당하는 오랜 악습을 폐지해 버렸다. 하지만 그 여자의 고향과 가족에 대한 동경은 잠재울 수가 없었다.

때문에 그녀는 가족을 잃고 그녀를 부인으로 맞이하려고 드는 토아스 왕의 꾸준한 구혼을 거절하는 것이었다. 토아스 왕이 다시 작품의 초에 구혼했을 때 그녀는 그에게 신뢰의 징표로서 자신의 출신을 알려준다. 왕은 거만하게 제 신들에게 반항하며 그 후손이 형제와 영아 살해 가운데 저주받은 탄타루스 족속의 태생이라는 것이다.

그녀 자신 이피게니에도 거의 피의 희생자가 되었다. 그 여자의 아버지 아가멤논이 희랍인과 같이 트로야(Troja)로 왔을 때 아우리스(Aulis)에서 그녀는 항해를 위한 순풍을 얻기 위해서 제물로 바쳐져야 한다. 하지만 디아나 여신은 그녀를 받아들이고 구름에 싸서 타우리스로 데리고 감으로써 그녀는 다시 그 앞에 와 있게 된다.

"아트러의 손자, 아가멤논의 딸, 여신의 소유"

토아스는 이 모든 것을 방해하지 않았다. 그녀가 자기의 구혼을 들어주지 않으면 심지어 옛날의 인간희생의 제도를 다시 도입하면서까지 이피게니에를 억압하려 든다. 두 낯선 외국인이 상륙했다. 이들은 제 신들에게 오랫동안 없었던 최초의 합법적인 제물로 바쳐져야 하는 것이다. 이피게니에는 이런 요구에 겁을 먹고 보다 심한 분쟁에 말려든다. 이 외국인들은 그녀의 고향사람들인 희랍인들로 그녀의 막내동생 오레스트(Orest)이며 그의 친구 필라데스(Pylades)이다. 이들은 신의 명령에 쫓아서 타우리스로 왔다. 오레스트는 모친 살해범이란 저주에 싸여 있다. 아가멤논(Agamemnon)이 트로야에서 귀향하자 자신의 정부 아이기스토스(Aigistos)와 함께 어머니 클리템네스트라(Klytämnestra)를 살해하고 자신은 자식 오레스트에게 살해된다.

오레스트는 아폴로(Apollo) 신으로부터 예언을 듣기를 타우리스의 해안가 성전에서 자기 뜻에 거슬려서 살고 있는 누이를 희랍으로 데리고 오면 그에게 깃든 저주는 풀릴 수 있다는 것이다.

오레스트와 필라테스는 누이와 더불어 즉 아폴로의 누이인 디아나의 신상을 신전에서 유괴해 오는 것이라고 설명한다. 처음에는 젊은이들이 변장을 했으나 오누이들이 서로 감격하게도 알아차리게 되고 이피게니에는 처음으로 트로야의 사건과 아버지 아가멤논의 무서운 귀향운명에 대해서 알게 된다. 자기의 사태국면의 호전을 더 이상 믿을 수도 믿으려고도 하지 않는 오레스트는 그를 쫓는 복수의 여신의 험상궂은 상에 마주치게 된다.

이피게니에의 누이의 사랑과 그녀의 속죄하는 여사제의 힘으로 동생 오레스트를 양심의 고통에서 풀어 주고 그에게서 망상을 제거하는 데 성공한다. 이미 이 세 사람은 공동의 도주를 준비하는 것이다. 그들은 제 신상을 가지고 가고 토아스는 배신당하는 것이다. 그러나 이피게니에의 전체적인 영혼의 위대성이 표명되는 것이다.

그녀의 족속의 거친 거인들과의 논쟁, 즉 제신들과 인간 사이의 옛날 적개심으로 싸우는 가운데 그녀는 속죄하는 사랑과 참된 인간성의 새로운 종교를 이루게 된다.

동생 오레스트와 자신을 몰락시킬 위험에 처해서도 그녀는 그녀의 두 번째 아버지가 되어 버린 토아스 왕을 배척할 수는 없는 것이다.

"오, 거짓은 서글프도다! 거짓은 모든 평결의 말과 같이 쏜 화살과 같이 신에 의해 되돌려져 돌아와서 쏜 사람을 맞추는 법이다!"

그녀는 왕에게 달아나려고 시도한 것을 자백하고 무조건 그의 관대함의 처분만 바란다. 그녀는 자신을 기만하지 않았다. 토아스는 처음에 주저하다가 용서해 준다. 이피게니에의 고상한 인간적인 탄원에 탄복해서 토아스는 그녀를 동생과 그 친구와 같이 마음대로 떠나게 하는 것이다.

괴테가 유리피데스의 비극에서 딴 『이피게니에』의 자료는 1779년에 그에 의해서 시작되었고 우선 산문으로 다루어졌다.

그리고나서 점차로 시어로 다시 쓰여졌으며, 완성은 1786년에 로마에서 이루어졌다. 괴테는 의미 있게 고전시대의 작품에 접근했고 즉시 고대 취미를 모방하는 희곡의 완성된 모범을 이루었다. 아테네풍의 비극의 모범에 따라 줄거리는 우선 과거를 드러내는 가운데 발전된다. 작품 끝에 가서 전자와 능동적인 줄거리가 서로 얽혀 있다. 언어와 사상의 풍요는 마지막 완성이다. 우선 독일 희곡에서 고전과 신시대의 예술의지의 정화가 괴테에 의해서 길들여졌고 수많은 작가들에 의해서 항상 노력하는 바와 같이 이피게니에서 완성된다. 유리피데스가 전설의 재료를 형성했다면 괴테는 갈등을 영혼에 불어넣었다. 괴테는 이피게니에의 역할의 해석을 거짓에 능하지 못한 순수한 여사제의 역할을 해석함으로써 특히 인상 깊게 그의 인문주의 이념을 명시했다.

내적인 내용, 시구어와 놀랍게 풀리는 비극이 이 작품 가운데 고유한 순수함과 아름다움의 화음으로 울려 퍼진다.

(9) 『에그몬트』

브뤼셀의 석궁대회 때 자유정신이 깃든 자유분방한 시민들은 에그몬트에 대해서 이야기를 주고받는다. 그는 그들의 우상이다. 그들은 스페인 왕 필립에 의해서 임명된 마가레트 폰 파르마보다는 오히려 네덜란드의 통치자로 간주하려고 하는 것이다.

"심문인들은 살금살금 빠져 나가서 살피고 있다. 우리는 스페인 인과 같이 우리의 양심을 압제받도록 태어난 것이 아니다."

나라의 소요로 불안한 여 군주의 궁정에도 보이지 않는 에그몬트가 나타난다. 여 군주는 다음과 같이 말한다.

"그는 황제폐하의 손이 더 이상 그의 머리 위에 아른거리지 않는 것처럼 머리를 높이 쳐들고 다닌다."

이에 그녀의 서기는 다음과 같이 그녀의 말을 보완한다. 국민의 눈은 모두 그에게 향해 있고 마음은 그에게 달려 있다. 여 군주는 심지어 에그몬트를 플란데른에서의 불운에 대한 죄인으로 취급한다. 왜냐하면 그가 이교의 교리를 후원한다는 것이다. 그럼에도 불구하고 그녀는 에그몬트에 대한 애착심에서 벗어날 수가 없는 것이다. 작가는 제3의 무대로 우리를 인도해 가는데 여기서 에그몬트가 모든 사상과 생의 중심점이 된다.

"모든 주가 그에게 숭배하고 있는데 나는 그의 팔에 안겨 세상에서 가장 행복한 사람이 되어서는 안 된단 말인가?"

이렇게 클레르헨은 한탄한다. 모친이 그녀의 국민 영웅에 대한 관계를 신중히 하라고 했을 때 그녀는 단지 한 가지 대답만이 가능했다.

"에그몬트의 애인이 처벌받았다니요? 이 방, 이 조그마한 집은 에그몬트의 사랑이 깃든 이래로 천국이 됐어요."

이렇게 해서 그녀로부터 떨어질 수 없는 불행한 브라켄부르크(Brackenburg)는 자족해야 했다. 제3자가 클레르헨의 마음을 차지하고 있다는 것을 알면서도 그녀를 떠날 수가 없다. 그러는 동안 교활한 서기 반젠(Vansen)이 스페인의 고리를 끊어버릴 수 있다고 사람들을 타일렀다.

그는 국민들에게 스페인의 학정을 알리고 경각심을 불러일으키지만 모두가 그의 마음과 같지 않기 때문에 난투극으로 이른다. 이제서야 작가는 에그몬트 자신을 등장시킨다. 그는 흥분된 사람들의 마음을 가라앉히는 데 성공한다.

드디어 에그몬트와 빌헬름 폰 오라니엔(Wilhelm von Oranien) 사이에 극적인 상봉이 이루어진다.

숙고하는 오라니엔은 귀족의 대표로 브뤼셀을 떠나야 한다고 권하고 있는 반면에 사심 없는 에그몬트는 금양피의 기사로서 그 불가침성에 근거를 두고 있다.

알바 공작이 진격중에 있다는 소식으로 그는 동요되지 않는다. 오라니엔은 에그몬트가 패배할 것이라고 생각해서 그와 작별을 고하지만 에그몬트는 그와 같은 기우를 일축해 버린다. 그는 클레르헨에게 간다.

"즐겁고, 고통에 차서" 그녀는 그를 학수고대한다. 그리고 세상은 그녀의 사랑 이외에는 그 여자에 대한 즐거움이 없다. 여군주는 이렇게 해서 그의 시대는 끝났다는 것을 알게 되고 그녀가 오라니엔과 같이 브뤼셀을 떠났다는 소식이 전해지고 단지 에그몬트만이 남는 것이다. 다시 반젠은 최상의 지혜를 베푼다. 그러나 알바(Alba)의 거친 군대가 행진하고 폭도를 막는다. 알바는 쿨렌부르크(Culenburg)의 궁정에서 에그몬트를 체포하기 위해서 준비를 한다.

알바가 대화를 길게 끄는 것은 에그몬트의 비서가 그의 체포를 보고받을 때까지 시간을 끄는 것이고 전혀 악의 없는 에그몬트를 자극하고 그의 체포의 외면상의 근거를 마련하려는 것이다. 이런 뉴스로 불쌍한 클레르헨을 절망의 발걸음으로 내딛게 했다. 그녀는 어둠 속의 에그몬트를 해방시키고 민중봉기를 선동하기 위해서 거리로 나간다. 그러나 그녀는 도처에서 비겁함과 두려움을 만난다. 성실한 브라켄부르크는 그녀를 집으로 데려간다. 여기서 그녀는 독배를 든다. 에그몬트는 감옥에서 사형선고를 받는다. 죽음에 직면해서 마지막 희열이 그에게 주어진다. 알바의 아들인 페르디난트(Ferdinand)는 자기 청년 시절의 호프로 그에게 고백한다.

그는 에그몬트를 더 이상 구할 수는 없지만 에그몬트는 그와 그의 아름다운 고백을 통해서 내면적인 안전과 확신을 다시 찾는다.

마지막 잠에서 그가 처형당하기 전에 그에게 즐거운 꿈의 환상이 나타난다. 환상의 옷을 입은 자유, 클레르헨의 특징을 지니고서 그에게 약속하기를 그의 죽음이 모든 주에 자유를 가져다줄 것이라고 한다. 그래서 그는 용감하게 작심을 하고서 형리에게 다가가서 이르기를,

"나는 자유를 위해서 죽네, 나는 자유를 위해서 살았고 자유를 위해서 싸웠고 그리고 자유로 고통하면서 희생됐네."

괴테는 『에그몬트』(Egmont, 1783)로서 역사 정치적인 비극의 계보를 계승했다. 그는 『괴쯔 폰 베를리힝겐』으로 이 비극의 계보를 시작했다. 거기서와 마찬가지로 여기서도 역사적인 개성이 그 기원을 넘어서서 이념화되었고 채색으로 칠해진 주위 세계의 중점이 되었다. 작품을 연구하는 일이 12년이나 지속되고 이탈리아 여행기간인 1787년에 완성되었다. 허술한 장면 연속의 부족한 점에 연극의 제목이 되어 있는 주인공의 대가다운 개성묘사는 대칭을 이룬다. 여 군주도 빠져 나올 수 없는 매력적인 개성의 혼합 가운데 그리고 희곡의 역사 가운데서 에그몬트는 전례 없는 인물이다. 괴테 자신도 『시와 진실』 속에서 해석하는 바와 같이 에그몬트에게서 이 말의 특별한 의미 가운데 악마의 구현을 보았다.

"모방할 수 없이 아름답고 진실되게 클레르헨도 묘사되었다."

『괴쯔』에서와 같이 무대의 장면은 전체의 기초보다 넓은 공간을 받아들인다. 민중의 유형 가운데는 사려 깊은 서기 반젠의 윤곽을 드러냈다. 실러는 작품이 무대로 옮겨 가는 길을 평탄하게 해주는 작업을 도왔고, 베토벤은 기질이 같은 무더음악을 썼다.

(10) 『토르콰토 타쏘』

5막으로 된 희곡 『토르콰토 타쏘』(Torquato Tasso, 1780)는 1780

년에 초안되어서 이탈리아에서 집필되고 바이마르에서 1789년에 완성되었으며, 작가 괴테의 세계에 대해 손수 참회를 하는 것이다.

"나는 타쏘와 내 자신의 삶을 영위했다. 내가 놀라운 두 인물을 그들의 고유성과 함께 혼합하는 동안 내게는 타쏘의 상이 떠올랐고 이 상에 산문의 대조로 안토니오를 세웠다."

궁정생활과 사랑의 관계는 그에게 동일한 것으로 바이마르와 페라라(Ferrara)에서 나타났다. 이와 같이 그는 제대로 그의 묘사에 대해서 언급할 수 있다고 믿었다. 동요하는 타쏘의 자태는, 순수한 천재와 그 주위세계 사이에 비극적인 긴장의 일시적인 상징이 되었다. 외적인 형태에 있어서 이피게니에의 문체를 이어받고 있는 이 희곡의 다른 인물들도 괴테의 세계인식과 인간의식의 정신을 호흡하는 것이다.

이와 같이 세계인인 외교관 안토니오의 등장, 공주의 영의 깊이와 도덕적인 예민함은 슈타인 부인의 영향을 받은 것이고, 괴테는 자신을 타쏘 시인에게, 바이마르공을 알폰스 공작에게, 레오노레는 슈타인 부인에다 비유한 것이다.

토르콰토 타쏘는 알폰스 Ⅱ세 공작 페라라의 예술에 대한 이해가 있는 궁정의 부인들, 레오노레(Leonore) 공주, 레오노레 산비탈레(Leonore Sanvitale) 백작부인의 호의를 받았다. 타쏘가 벨리구아르도(Beliguardo) 성의 공원에서 해방된 예루살렘에 대해 완성된 산문을 공작에게 넘겨주었을 때 공주는 그에게 월계관을 씌어주었다. 공주를 열렬히 사랑하던 타쏘는 이 표창을 지고의 행복으로 느껴야 했다. 하지만 이런 행운은 오래 지속되는 것 같지 않았다.

공작의 비서 안토니오(Antonio)가 무리 가운데 들어서자마자 시인과 사교가 사이의 경쟁의 싸움은 움트기 시작했다. 안토니오는 교만한 추파를 던지지도 않고 타쏘가 제후들과 부인들에게서 받은 명예를 보지 않고 신중히 고려한 말로 로마의 외교 세계에 대해서 언급하는 것이다. 이 외교에서 그는 방금 다시 자기 주인을 위해 위대한 승리를 거두었고 시인 아리오스트(Ariost)를 지나치게 칭찬함으로써 타쏘의 마음을 상하게 했다.

하지만 아직 제후의 궁정에는 조화와 평화가 깃들어 있다. 공주와 타쏘는 인류의 황금시대에 대한 친절하고 감격한 대화를 늘어놓았다. 타쏘도 이 인물의 황금시대의 여명을 보게 되는 것이다.

공주의 결정에 호감을 나타내는 것이 고귀한 부인의 일이다.

"남자는 자유를 추구하고 여자는 도덕을 추구한다."

타쏘는 공주에 대한 자기 사랑의 행복감에 넘쳐서 안토니오에게 자기 우정을 베푼다. 공주가 그러기를 바라기 때문이다.

타쏘는 유혹적으로 행위를 해서 신중하고 보수적인 안토니오는 항상 그와는 거리를 두는 것이다.

끝내는 양쪽에서 모욕적인 말이 나오고 타쏘는 거기에 대해서 대검을 잡도록 유혹을 받는다.

알폰스(Alfons) 공작은 그사이에 등장한다. 그는 투쟁을 조정하고 대검을 빼든 타쏘를 방에서 체포한다. 하지만 그는 안토니오를 비난한다.

"남자들이 불화하면 사람들은 쉽게 현자를 죄인으로 간주한다."

그리고 안토니오는 자신의 죄를 통찰할 만큼 현명하고 확신 있는 고귀한 분에게 순종할 만큼 지혜롭다. 타쏘에게서 그의 체포는 옛 불신의 무서운 발로로 이른다. 그는 모든 것 가운데 단지 궁정조직의 기법을 안다고 하고 모든 사람으로부터 버림받고 배신받았다고 믿는다. 심지어는 자기에게 사랑을 베푼 공주에게서도 버림을 받았다고 믿는다.
 이기적인 모함이 없는 것은 아니지만 중재를 받아들이는 것은 레오노레 산비탈레이다.
 그녀는 유명한 시인을 쾌히 자신에게 잡아매 두려 한다. 그리고 자기의 궁정이 있는 플로렌쯔(Florenz)로 데려가려고 한다. 안토니오는 그녀에게 자기가 타쏘를 시기한다고 했다. 월계관 때문이 아니고 부인들의 호의 때문이라고 했다.
 하지만 안토니오는 타쏘에게 가서 그와 평화협상을 할 용의가 있다고 한다.
 타쏘가 경험 있고 숙성한 친구의 조언이 필요한 바와 같이 더 이상의 발전이 이루어져 간다. 구금에서 벗어나자마자 그는 모든 충고에도 불구하고 벨리구아르도를 떠나려고 시도한다. 제후의 궁정을 떠나려고 한다.

공주와 작별할 때 그녀에 대한 감정이 새로이 그를 압도한다. 자유분방하게 그는 저돌적으로 여제후를 프응하면서 자신에게 끌어안는다. 제후, 공주, 벨리구아르도 여택작의 즉각적인 출발이 그 결과이다. 그의 시작만이 모든 고통에서 구원을 의미하는 타쏘는 자기 생의 난파선을 구조하는 바와 같이 안토니오의 팔에 몸을 던진다.

(11) 『서출의 딸』

『서출의 딸』(Die natürliche Tochter, 1803)은 5막으로 된 비극으로 I 부는 3부작으로 묘사되고 있다. 이 3부작은 괴테가 프랑스 혁명에 대해서 쓰려고 계획했던 것이다. 다음 부분에는 괴테가 오이게니에의 운명과 이 나라로 침투해 들어오는 혁명적인 사건의 묘사를 생각한 바이다. 제 I 부에서는 우아한 오이게니에의 섬세한 특성이 강한 호기심을 불러일으킨다. 헤르더는 이 작품을 이 시대의 한 사건을 조용히 가슴이 간직하고 고차원적인 견해로 발전시킨 심오하고 사고하는 정신의 값지고 성숙하고 의미 있는 성과라고 했다.

1803년 4월 2일 처음 바이마르에서 상연된 비극은 오늘날 무대에 잘 올려지지 않는다.

아름다운 언어와 희곡의 특성이 있는 성숙한 문학으로 『서출의 딸』은 『이피게니에』와 『타쏘』 외에 그 우상을 확보했다고 본다. 이 작품은 두 작품의 문체와 형식이 유사하다.

빽빽한 밀림 속에서 사냥중에 세상의 소음에서 벗어나서 공작은 자기 조카인 왕에게 비밀을 털어놓았는데 그는 타락한 아들 외에 서출의 딸이 또한 있다는 것이다. 이름은 오이게니에(Eugenie)라고 한다.

여제후인 그녀의 어머니는 잠시 전에 죽었다. 공작은 비밀을 털어놓을 권한이 있다는 것이다. 왕은 이러한 고백에 대해서 지나치게 기쁘게 생각한다. 그리고 오이게니에를 왕가의 가까운 친척으로 인정할 마음의 태세다.

오이게니에는 제후의 후손이라는 새로운 행복에 탐닉해 있다. 그러나 곧 공작의 아들이 지금까지 감춰진 누이를 마음에 들게 하도록 사료된 것이 아니라는 것이 곧 드러났다. 그는 공작의 비서와 오이게니에의 여자 가정교사와 여집사와 은밀한 음모를 꾸미고 있었던 것이다. 오이게니에는 가정교사를 통해서 나라 밖으로 데려가기 위해서 유괴된다. 공작에게는 그녀가 죽었다고 보고된다. 평신도 사제는 말타고 가다가 떨어졌고 식별 불가능하여 추락한 자들에 대해서 자세히 보고하면서 이런 기만을 숨겨야만하는 것이다.

항구도시에서 이 이야기는 계속된다. 오이게니에는 자기의 운명에 대해서 명확성을 얻어내려고 하나 헛수고이다. 오이게니에의 먼섬으로의 급파를 지시하고 있는 왕의 인장이 찍힌 서류를 다루고 있는 여자 가정교사는 그녀가 높은 신분의 출신이라는 것을 포기하고 시민신분의 영역으로 뛰어들 결심만 하면 불행한 여인을 구원할 수 있다는 것을 알게 된다. 그녀에게 항구도시의 시민으로 몸과 마음을 바치는 고귀한 재판관의 형태로 기회가 주어진다.

"오이게니에는 결혼이 우리에게 그녀의 곤궁으로부터 구원의 수단으로 약속한 행운을 속되게 할 마음의 준비가 되어 있는 것은 아니다."

승선의 위험은 점점 다가온다. 오이게니에가 만나고 그 여자의 흥미를 알아 가는 처사나 여 수녀원장은 여집사가 내보이는 왕의 인장에 대해서 감히 다루지를 못한다. 마지막 순간이 되어서야 오이게니에는 재판관의 구혼에 순종하기로 결심한다.

재판관은 하지만 그녀를 단지 오빠로서의 순수한 애정으로 영접하고 그녀를 아주 은밀히 은둔 생활하도록 내버려둘 것을 약속해야 한다.

오이게니에는 이와 같이 많은 위협적인 징후에 근거해서 갑작스런 전복에 직면한 조국에 봉사할 수 있기를 바란다. 심지어 공작인 자기 아버지에게 그리고 왕에게 구원자로 나타날 수 있기를 바란다.

(12) 『빌헬름 마이스터』

작품 『빌헬름 마이스터』(Wilhelm Meister, 1795~1829)는 『빌헬름 마이스터의 수업시대』(Wilhelm Meisters Lehrjahre, 1795)와 『빌헬름 마이스터의 편력시대』(Wilhelm Meisters Wanderjahre, 1829)의 두 작품으로 구성되어 있다. 두 작품의 완성기간은 실로 33년이나

걸렸다.

『수업시대』는 괴테 자신의 체험을 그리고 있는데 연극에 대한 자신의 견해, 셰익스피어에 대한 생각, 낭만적인 이탈리아에 대한 동경과 그의 종교관이 잘 나타나 있다. 『수업시대』는 인간의 내면적 발전을 교양소설의 문체로 쓴 것이다. 주인공 빌헬름은 소년시절에 이미 극단에 흥미를 느껴서 연극의 매력에 끌리어 결국은 여배우 마리안네를 알게 되나 그녀는 이미 애인이 있는 몸이었으므로 실망을 안고 부친의 뜻을 따라 상인으로서 수업을 받는다. 수업을 받던 중에 이탈리아의 소녀 미뇽을 사귀게 되어 그녀의 가련한 처지에 동정을 품고 방랑극단과 관련을 맺어 무대 일을 돌봐 준다.

빌헬름은 이 방랑극단과 함께 백작의 성으로 가서 그곳에서 생활하다가 백작부인으로부터 사랑을 받고 연극에도 조예가 깊어져 이 극단과 같이 다시 여행을 떠나던 중에 강도에게 습격을 받아 흩어지게 된다. 단원들의 생계를 위해 극단의 세를로(Serlo)에게 가서 취직을 부탁하게 된 빌헬름은 마침내 그를 주연으로 한『햄릿』이 성공을 거두고, 진실하게 살려고 노력하

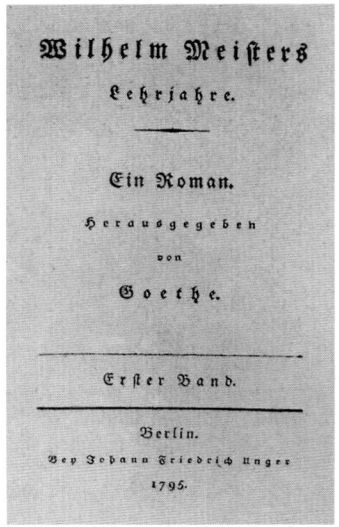

『빌헬름 마이스터의 수련기』
1795년의 초판 표지

는 로타리오를 만나 감화를 받고 로타리오의 누이인 나타리에와 결혼한다.

『편력시대』는 괴테의 긴 생애의 체험과 사상의 요소가 혼합되어 독립된 여러 단편들이 있다. 괴테도 이러한 책을 인생 자체라고 했다. 주인공 빌헬름은 아들 펠릭스와 함께 알프스 산중의 경건한 목수 집안도 만족하지 못하고 다시 떠나 결사원인 야르노와 만나 그의 영향을 받아 1인 일기의 목적으로 광부가 된다.

『수업시대』의 '아름다운 혼'의 수동적인 경향에 비해 능동적인 마리리타의 영향을 받고 교육주에 펠릭스를 맡기고 미뇽의 고향으로 가서 외과의사로의 수업을 받는다. 빌헬름은 교육주에게 교육법을 실시했는데 이는 페스탈로찌의 영향을 받은 것이다. 주종관계에 있는 백부의 장원에 대해서도 비판적인 입장을 나타내고 새로운 '결사'(Das Band)를 재활하는데 이는 주종관계가 없는 민족적인 사회인 것이고 현대사회에 대한 의견을 나타낸 것이다.

『빌헬름 마이스터』는 일종의 교양소설로서 이런 소설은 『파르찌발』을 선두로 그림멜즈하우젠의 『심플리찌스무스』, 켈러의 「푸른 하인리히」, 토마스 만의 『마의 산』 등으로 발전되어 갔다. 주인공들이 여러 가지 체험을 통해서 자기 완성을 해가는 것이다.

주인공 빌헬름은 상인인 부친의 유업을 받기를 간절히 바라나 빌헬름은 연극에 몰두하고 방랑극단의 여배우 마리안네를 사랑하게 된다. 얼마 후 메리나라는 배우와 사귀게 되었는데 극

4. 작품 내용 및 해설

단의 비참한 사정을 알게 되고 자기가 사랑하는 마리안네가 애인이 있다는 것을 알게 되면서 극단과 인연을 끊고 상업에 전념한다. 상업상의 용무로 상봉여행을 하는 도중에 한 마을에서 극단을 보고 옛날의 극단에 대한 정열이 되살아난다. 이때 우연히 메리나를 만나게 된다. 빌헬름은 다시 극단에 발을 들여놓게 되고, 어느 난폭한 곡예사로부터 비참한 생활을 하는 미뇽을 구해 주었는데 그들은 서로 부녀지간이라는 것을 모르고 있었다. 미뇽이 부른 「그대는 아는가 레몬이 꽃피는 곳을?」 등은 오늘날도 많이 애송되는 시다.

그런데 이 작품에서 시골의 극단은 도적의 습격을 받아 풍비박산이 나고, 빌헬름은 심하게 다친다. 파탄의 지경에 이른 메리나 극단은 세를로가 경영하는 극단과 합치게 되었다. 여기서 빌헬름은 『햄릿』을 공연하여 성공을 거두나 극단의 단원들 사이에 갈등이 벌어져 연극의 세계에 실망과 환멸을 느끼게 된다. 이때 세를로의 누이동생 아우엘리에가 병상에 누워 있어 『아름다운 영혼의 고백』이란 수기를 읽어 주었다. 이는 괴테 자신이 젊어서 병상에 있을 때 괴테에게 이야기를 들려주어 큰 영향을 끼쳤던 클레텐베르크라는 여인의 종교적인 삶을 그린 것이다. 그러나 『아름다운 영혼의 고백』의 내용은 수동적이고 소극적인 신앙생활을 하지 말고 보다 적극적인 활동을 하기를 바랐다.

빌헬름은 아우엘리에와 헤어지고서 자기가 찾은 남자가 로탈리에라는 것을 알게 된다. 그리고 로탈리에 밑에 있는 펠릭스가 지난날의 여배우 마리안네와의 사이에 낳은 아이라는 것을 알게 된다. 로탈리오는 '탑의 결사'라는 단체를 조직해서 이 상사회를 건설하려는 운동을 하고 있었는데 빌헬름도 상업과 인연을 끊고, 그리고 로탈리오의 누이동생이 빌헬름이 도적 떼에게 기습을 받았을 때 도와준 장본인이라는 것도 알게 됨으로써 빌헬름은 그녀와 결합한다.

『편력시대』는 노년기에 완성된 것으로 고전주의의 균형을 이룬 형식은 취하지 않고 여러 개의 단편이 모여서 이루어졌으므로 일맥상통하는 일관된 장편이 되지는 못한다. 괴테 자신도 다음과 같이 얘기하고 있다.

"이런 작품은 인생 자체와 같다. 복합적인 전체 속에는 필연적이고 우연한 것이 예정되고 완결되지 않은 것이 있다. 그러므로 이 책은 오성이나 이성으로는 도저히 파악할 수도 없고 포함할 수도 없는 무한한 것을 내포하고 있다.

이 작품에서 이념의 일관성은 자기 극복에 의한 체념에 근거한 실천활동을 중시한 것이다.

빌헬름은 주종관계가 아니고 이상적이며 민주적인 단체를 배우기 위하여 펠릭스를 데리고 편력의 길을 떠나는 것이다. 그가 만난 것은 '탑의 결사'를 모체로 한 '세계 결사'이다. 빌헬름은 성 요셉 II세 목수와 만났다. 이 목수는 경건하고 온화하나 가정적인 범주에서 벗어나지 못하는 폐쇄적인 것이다. 미국에서 귀국한 백부는 대규모의 농업을 경영하고 있다. 그는 자신만을 위해서 경영하지 않고 공익을 위한 활동을 전개한다. 이는 처음의 목수보다 진보적이긴 했으나 주종관계의 잔재가 아직도 남아 있다는 것이 아쉽다. 이상적인 생활이 민주적인 절차를 밟아서 상황이 점차 민주적이고 이상적이라고 할 수 없는 것이다. 빌헬름은 펠릭스를 교육주에 맡겼다. 괴테가 스위스의 페스탈로찌의 영향을 받은 것이다. 빌헬름 자신은 새로운 시대에 쫓아서 추상적인 관념이 아닌 실제의 기술을 연마하기 위해서 외과의사로서의 수련을 받는다. 빌헬름은 활동적인 사람으로 주종이 없는 공동사회를 이루기 위해서 기술을 습득한다.

(13) 『헤르만과 도로테아』

목가적인 서사시 『헤르만과 도로테아』(Hermann und Dorothea, 1797)는 18세기 말에 프랑스 국경의 작은 마을에서 일어난 가을날 어느 하루의 일을 기록해 놓은 것이다. 이 작품은 잘쯔부르크를 쫓겨난 신교도의 피난민 행렬 가운데서 일어난 이야기를 소재로 한 것이다. 독일적인 내용에다 고전적인 형식을 가미한 것이다. 1731년 종교압박으로 잘쯔부르크를 추방당한 신교도의 피난민의 일화가 인용된 것이다. 모든 괴테의 작품이 그렇듯이 이 작품도 그의 체험을 토대로 쓰여졌다. 괴테의 애인이었던 릴리 쇠네만이 지금은 슈트라스부르크의 시장의 부인이 되어 있는데 파리의 혁명정부로부터 쫓기는 몸이 되어 독일로 홀로 망명하였다. 모든 재산을 빼앗기고 남편의 뒤를 따라 다섯 아이들을 데리고 독일로 피난하였다는 소식을 괴테가 듣고서 그녀에 대한 애끓는 동정심과 사모하는 마음에서 이 작품이 이루어졌다. 이 작품의 여주인공 도로테아는 농부의 딸이면서도 교양 있고 세련된 것처럼 보이는 것은 일화 속의 피난민 대열이 처녀와 자기의 릴리 쇠네만과의 혼합상이기 때문이다.

여관집 부부가 아들 헤르만에게 피난민들에게 먹을 것과 입을 것을

안나 엘리자베트 (릴리) 쇠네만(1758~1817)
(1782년의 F. B. 프라이의 파스텔화)

실어다 나누어주도록 한 것이다. 라인강 서안에서 강을 건너서 오는 피난민의 행렬을 보기 위해서 멀리 떨어진 마을 길목까지 마을 사람들이 전부 구경하러 나가 섰다. 한 두 사람씩 마을 사람들이 돌아오는데 이웃집의 약종상과 목상의 모습도 보였다. 이 사람들은 피난민들의 고생하는 모습과 어려운 고난에 관해서 일러주었다.

두 사람과 함께 집에 돌아와서 포도주를 마시고 있노라니까 대화는 아들 헤르만에게로 돌아갔다. 이 여관집 부부는 농토도 많고 부유했으나 성숙한 외아들이 처녀를 맞이하지 못하고 결혼을 못하는 것을 걱정하고 있었다.

그러던 중에 피난민 대열 가운데 도로테아라는 아가씨를 만났는데 그녀의 말에 의하면 소 두 마리가 끄는 마차 위에서 대가집 산모가 마침 해산을 했는데 어린애 입힐 옷도 천조각도 없다고 헤르만에게 도와달라는 것이었다. 그래서 헤르만은 먹을 것과 옷을 나누어 주었다. 아버지는 자식의 결혼에 관심을 갖고 있던 중에 이웃집의 장사하는 셋째 딸이 어떻냐고 물었다. 그러나 그녀의 헤르만에 대한 무관심으로 두 사람의 사이는 별로 진전되지 않았다. 헤르만은 포도밭과 수확을 기다리는 밭곡식 한가운데 배나무 밑에 앉아서 군대가서 나라를 위해 싸울 생각까지 한다.

그러나 어머니는 아들이 오늘 만난 피난민 처녀 중에 도로테아라는 아가씨에게 홀딱 반한 사실을 알아내고 아버지에게 얘기해서 승낙을 얻어내겠다고 한다. 어머니는 자초지종을 얘기하고 헤르만도 목사도 약종상에게 협조를 당부하니 아버지는 마음이 내키지 않았으나 결국은 승낙하고 만다. 헤르만은 목사와 약종상을 시켜 피난민 대열의 아가씨 도로테아를 보고 사람을 보아달라고 요청했다. 체격도 좋고 성격도 활달하고 의리도 있는 것으로 판명이 되었다. 약혼자가 있었는데 자유와 해방을 위해서 파리에 가서 싸우다가 죽었다는 사실도 알아냈다. 목사와 약종상은 두 사람을 먼저 마차에 실어 보내서 헤르만의 생각대로 자신이 스스로 프로포즈해서 구혼을 해보겠다는 것이다.

우물가로 물 길러 온 도로테아에게 헤르만은 집안 얘기, 가족 얘기를 하기 시작한다. 도로테아는 자신을 하녀로 써준다는 것으로 오인하여 이를 승낙하고 헤르만을 따라 집으로 돌아온다. 집에서는 양친과 목사와 약종상이 결과를 기다리고 있다. 네 사람은 성사가 된 것으로 알고 도로테아는 하녀로 온 것으로 알고 왔으므로 일순간 혼동이 일지만, 도로테아가 헤르만을 처음 보았을 때부터 좋았다고 가슴의 속마음을 털어놓자 헤르만이 구혼을 하여 모든 것이 좋게 끝났다.

『헤르만과 도로테아』는 서사시로 전통적으로 영웅전설을 주로 다루었는데 소시민을 소재로 한 데서 획기적이고 농업을 주업으로 하는 소박한 시민의 생활을 소재로 했다는 데 특징이 있다. 그리고 피난민의 고난과 그것을 바라보는 시민들의 도정을 그리고 있어서 구성이 좋은 사랑스러운 한 편의 주옥 같은 서사시이다.

(14) 『친화력』

친화력이란 말은 원래 화학용어로 AB 화합물과 CD 화합물이 있는데 2개의 화합물이 합쳤을 때는 새로이 AD 화합물과 BC 화합물이 생긴다는 것이다. 즉 먼저 AB, CD의 화합물에서 상호 분리되고 새로이 결합하는 결과가 생긴다는 것이다. 작품 『친화력』(*Die Wahlverwandtschaften*, 1809)은 괴테가 60세 때 발표한 것으로 이와 같은 화학적인 친화력에 비유하여 두 쌍의 남녀가 비슷한 화학적인 작용을 해서 새로운 결합을 이룬다는 것이다. 이 작품이 처음 발표되었을 때 괴테는 도덕적으로 많은 비난을

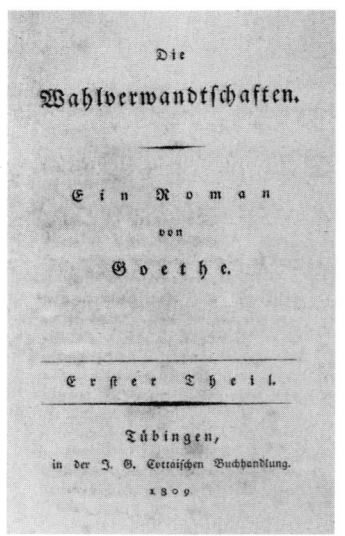

『친화력』 1809년의 초판 표지

받았고 성관계를 문란케 할 뿐만 아니라 원만한 부부관계도 파괴시킨다고 비난했다. 사실은 괴테가 결혼생활의 중요성을 강조하고자 했다는 점을 깨닫게 된다. 한번 결합된 부부관계는 존중되어야 하고 이와 같은 성스러운 관계가 경시되어서 파탄에 이르면 전인류의 비극은 물론 국가 전체의 질서의 문란으로 이룬다는 것이다.

괴테는 작품 중에서 목사를 통해 다음과 같이 말하고 있다.

"결혼은 일체의 문화의 출발점이며 동서에 정점으로 신성이 준수되어야 한다."

이 작품은 최근에 독일에서 유명해지고 많이 읽히는 것이다. 특히 처음에 오해받던 것과는 달리 괴테의 진솔한 뜻이 이해가 되고 평가되는 것이다.

주인공 에두아르드(Eduard)와 부인 샤를롯데(Charlotte)는 시골의 정원, 과수원, 장원을 가진 부유한 중년의 부부였다. 이들 부부는 어릴 때부터 언약이 맺어진 사이로 연인 사이였으나 부모들의 뜻에 따라 각기 다른 상대자와 결혼했으나 사별한 후에 다시 재결합한 부부이다. 에두아르드는 한번 마음먹은 것은 물러나지 않는 집념이 강한 사나이고 샤를롯데는 이지적이고 분별력이 있는 총명한 여자인데 전남편과의 사이에 르티아네란 딸이 하나 있는데 기숙사에 맡겨 교육시키고 있다.

이 사숙에는 샤를롯데의 친구의 딸 오틸리어(Ottilie)도 있었다. 남편 에두아르드는 젊었을 때부터 친구인 대위에 대한 이야기를 들려준다. 두 사람은 각지를 같이 여행하는 일이 많았고 친한 사이였는데 대위는 지금 한직에 있다는 것이다. 에두아르드는 대위를 자기들의 집에 초대해서 그의 학식과 재능을 발휘하게 해서 정원을 새로이 설계하고 조성하고 영지관리에 그의 능력을 기대하는 것이다. 남편이 대위를 자기들의 재산관리를 위해 초대하려는 계획을 듣고 대위가 옴으로써 두 사람만의 오붓한 전원 생활이 방해를 받지 않을까 걱정을 하는 것이다.

샤를롯데도 문제가 있었다. 자기의 친딸인 르티아네는 학교에서도 자기 재능을 발휘하여 유쾌한 학교 생활을 하는 반면에 자기 친구의 딸인 오틸리에는 성격문제로 괴로워하고 있었다.

즉 기숙사 생활이 맞지 않는 것이다. 그러므로 오틸리에의 기숙사 생활을 바꾸어 줄 것을 생각했다. 부인한테서 이 말을 들은 남편에게 에두아르드 대위를 초청하는 것은 물론 오틸리에도 함께 초청해서 이 전원주택에 같이 머물 것을 제안했다. 샤를롯데는 대위와 젊은 미모의 오틸리에가 같은 집에 머무는 것에 기우를 나타냈다. 하지만 대위를 잠시동안 초대하자는 조건부로 그의 초대가 이루어졌다. 에두아르드와 대위는 온실의 손질, 짐승과 가축의 손질에 여념이 없다. 샤를롯데는 혼자 보내는 시간이 늘고 그녀는 기숙사의 딸 르티아네와 친구 딸 오틸리에에 대한 이야기가 고작이다.

오틸리에가 학교생활에 적응을 별로 못하자 집에 오고 나서는 네 사람의 새로운 생활이 시작되었다.

샤를롯데가 우려했던 대위와 오틸리에 사이의 관계는 별로 문제가 되지 않았고 오히려 남편이 오틸리에에게 심상치 않은 흥미와 관심을 보였다.

반면에 샤를롯데와 대위 사이에도 애정이 싹트기 시작했다. 그런데 흥미로운 것은 에두아르드와 오타리에, 샤를롯데와 대위 관계가 가까워지기 시작한 것이고 에두아르드는 실제로 그와 같은 관계의 발전을 희망했던 것이다. 대위는 어느 백작의 권유로 궁정의 유리한 직업을 얻어 이곳을 떠난다. 딸 르티아네가 사숙을 자주 떠난 일도 있고 해서 샤를롯데는 오틸리에를 집에서 사숙으로 돌려 보내자고 주장했다. 남편은 오히려 자기가 가출하겠다고 하며 전장으로 간다. 딸 르티아네가 귀가하기로 되어 있어서 생활은 쓸쓸하지는 않았다. 샤를롯데가 아들을 낳았는데 눈은 오틸리에를 닮고 몸매는 대위를 닮았다. 샤를롯데가 아이를 갖게 되던 밤에 서로 마음 속의 상대를 그리고 있기 때문에 아이에게 나타나는 것이다. 그 아이를 돌보면서 산책을 하는 동안 전쟁에서 돌아온 에두아르드와 만나게 된다. 에두아르드는 대위와 샤를롯데와의 결혼을 진행시키기로 했다.

오틸리에는 성급해지자 호수의 배를 저어가다가 어린이를 배에서 떨어뜨려 버리고 말았다. 아이는 간호해도 죽고 만다.

아이를 죽게 한 죄책감으로 오틸리에는 에두아르드를 버리고 사숙으로 되돌아가려고 한다. 에두아르드의 만류로 다시 한 집안에서 네 사람의 생활이 시작된다. 하지만 오틸티에의 마음에는 종교적인 체념의 정이 생겨 대화도 끊고 남과의 관계도 끊었다. 오틸리에는 점차로 몸이 쇠약해져서 죽고 절망에 빠진 에두아르드도 죽는 것이다. 1809년에 이 책이 처음 나왔을 때 이 책에 대한 평은 별로 좋지 않았다. 그러나 작가 괴테는 여기서 오히려 결혼 생활의 신선함을 역설하려 했다.

친화력이란 것을 생각해 냄으로써 이성으로는 어떻게 할 수도 없는 자연의 힘과도 같은 인간간의 애정과 도덕률의 상호작용을 그리고 있다.

이 작품은 도덕적으로 타락했다고 비난도 받았지만 괴테가 결혼생활의 중요성을 강조한 것을 이해하게 된다.

한번 이루어진 부부는 끝까지 신성시되고 존중되어야 한다는 것이다. 결혼의 파탄은 사회 질서의 문란까지 유발한다는 것이다. 행여 유혹을 받아도 결혼의 파탄으로 이르지 않고 이런 경우 체념할 수 있어야 한다고 주장한다.

(15) 『서동시집』

괴테의 동양에 대한 매력과 몰두는 14세기 페르시아의 서정 시인 하아피스의 시집 『디반』(*Divan*)을 보게 되었고 여기서 그는 이국적인 시의 매력과 함께 시대와 지역을 초월한 인간으로

써 공감을 느껴서 자기의 시집을 『서동시집』(Westöstlicher Divan, 1819)이라고 했다. 이 시집 가운데『슐레이카의 서』(Buch Suleika)는 마리안네(Marianne)에 대한 괴테의 체험의 소산이다.

프랑크푸르트의 은행가 빌레머씨가 불쌍한 고아 마리안네에 대한 애정으로 자기 집에 데려다 고아로 키웠으나 빌레머(Willemer)씨가 상처를 당하고 나서 그녀를 후처로 받아들였다.

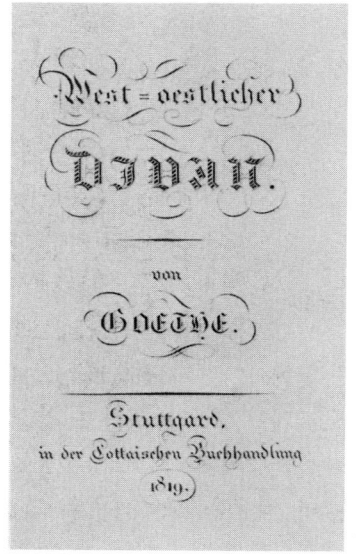

『서동시집』 1819년의 초판 표지

괴테는 1814년 빌레머씨 댁을 방문한 일이 있는데 빌레머씨는 마리안네에게 괴테가 마음이 쏠릴 것에 대비해서 정식의 처로 바꾸었다. 남편은 괴테와 자기 연하의 처와의 사교를 방해하려 들지 않았다. 괴테가 그녀에게 사랑의 시를 써 보내면 그녀는 이에 응답할 만큼 서정 시인이었다.

『슐레이카의 서』에 그녀의 시가 그대로 수록되어 있다. 그들 사이는 애틋한 정이 생겨서 과거 괴테의 20대 때의 정열이 솟는 것 같았다. 그러나 노령인 괴테는 이미 65세로 내심의 투쟁 끝에 그녀를 단념하고 다시 도주해서 달밤에 보름달을 바라다

보고 생각에 잠긴 채 헤어진다. 이 시집은 『슐레이카의 서』 말고도 그의 인생관과 사상을 엿볼 수 있는 작품이다. 그리고 「축복받은 동경」 같은 책은 괴테의 노년기의 인생관과 종교관, 내세, 사랑과 희망 등을 나타내고 있다. 괴테는 40년 전의 베르테르의 정열을 다시 보는 것 같았다. 65세의 괴테는 다시 고민에 빠져 그녀를 단념하고 그녀를 떠난다.

이 작품에서는 괴테의 정열과 인생관과 세계관을 엿볼 수 있다.

(16) 『파우스트』

1) 『파우스트, I 부』(Faust, II부, 1808)

『파우스트』(Faust)는 괴테의 총괄적인 작품이다. 독일어권에 있어서 유일 최대의 시집이다. 크리스토퍼 말로브의 파우스트 희곡이 1588년에 간행된 바 있다.

괴테가 이 작품의 자료와 문학에 관여함은 60년 이상이나 걸려서 슈트라스부르크의 학창시절부터 바이마르의 마지막 연령기에 이르기까지 이른다.

첫 번째 집필은 1774~1775년 걸쳐서 이루어지고 이 집필 중에는 사본도 있다. 『초고 파우스트』(Urfaust)는 이미 후의 『파우스트, I 부』의 중요한 성분을 내포하고 있다. 제 I 부는 괴테에 의해서 1790년에 단편으로 출간되고 1808년에 제 II 부는 괴테가 죽기 1년 전에 완성되고 사후에 출판해 달라고 봉한 채로 남겼

『단편 파우스트』 1790년의 초판 표지

다. 원제는 무대를 위해서 쓴 것은 아닌데 『파우스트』는 극장의 예술작품으로 독일 무대에서 희곡의 연출 목록에서 지속적인 위치를 차지했다. 특히 제Ⅱ부가 그랬다.

하지만 제Ⅱ부는 무대효과가 크고 순수하게 극장다워서 주요한 극장 지휘자와 감독들이 『파우스트』 작품을 무대에 올려놓으려는 시도를 늘 해왔다. 전체 작품을 묘사함에 있어서 문학을 상위에 둔 관점과 세계를 포괄하는 사상의 내용이 드러났다는 사실이 의문의 여지가 없다.

전 작품을 통해서 주인공 파우스트와 메피스토펠레스의 대조가 확 짜여 있다는 것이다. 파우스트는 영원히 불만에 차고 인간의 한계를 넘어서는 거인이다. 나이든 학자이든 젊은 연인이든 고령에 처한 식민지 개척자이든 간에 항상 거인이다.

메피스토펠레스는 견유학파의 조소자이고 항상 부정하는 영이다. 이들 주인공 주위에는 이 작품을 세계적인 희곡 작품으로 만든 일단의 등장인물들과 이념이 곁들여 있다. 제Ⅰ부에서는 인간적으로 소박한 내면성과 그레트헨 줄거리의 비극이 있다.

1852년 10월 28일 바이마르 궁정극장에서의 『파우스트』 초연 극장표

제Ⅱ부에서는 파우스트가 헬레나와 결혼하는 장면은 서양 정신이 희랍의 미의 이념과 결합하기 위한 상징으로 등장한다. 오이포리온 장면을 구성할 때 로드바이런의 운명에 대한 추억이 같이 떠오른다.

제Ⅱ부의 제5막은 특히 장중하다. 파우스트의 고령, 죽음, 묘지에 안장, 변용이 있다. 작가 괴테는 여기서 인간 능력의 한계를 파기하는 것에 경종을 울린다면 인간으로서 철학자로서 인간성에 대해서 언급하는 것이다.

"저 너머로 전망은 뻗어났다. 그 쪽으로 두 눈을 반짝이며 돌리는 자는 어리석다. 그 자는 서서 두리번거린다. 탐탁한 자에게는 세상은 어리석지 않다."

또는 이미 눈먼 파우스트가 지혜에 마지막 결론을 나타낸다면 이렇다.

"삶과 같이 자유를 매일 활용하는 자는 매일 자유를 정복해야 한다."

종종 인용되는 파우스트의 변용에 관한 시 구절을 보면 이렇다.

"항상 자신을 위해 최선을 다해 노력하는 자를 우리는 구원할 수 있다."

여기서 전 작품의 귀결어인 "영원한 여성상이 우리를 끌어올린다"란 귀결어가 뜻과 의미를 얻는 것이다. 그레트헨이라 불리어지는 영광의 어머니를 천상의 사랑을 위한 상징으로 보는 것이다. 이와 같이 『파우스트』는 전 작품을 관찰해 보면 형식, 내용과 세계를 포괄하는 주제에서 호머의 서사시, 단테의 신곡과 셰익스피어의 무대작품의 세계와 나란히 우대한 세계문학의 대열에 끼는 것이다.

극장의 서막, 단장, 전속작가, 희곡배우가 극장공연의 의미에 대해서 토론하고 있다. 단장은 단지 극장이 만원을 이루는 것을 중시하는데 작가는 품격 높은 시를 고백하는 것이다. 그러나 이는 관람객의 대부분이 끌린다기보다는 싫어하는 것이다. 희곡배우는 어떻게 하면 관중을 가장 재미있게 해줄 수 있을까하고 고민한다. 괴테는 서막에 대한 자극을 인도의 극장에서 땄다.

천상의 서언, 세 명의 대 천사, 라파엘, 가브리엘, 미카엘이 신이 창조한 고귀한 피조물을 기린다. 주님의 종으로 처신하는 메피스토펠레스는 생각이 다르다. '어떻게 인간들이 괴로움을 당하나'하는 것을 볼 뿐이다. 인간은 그의 생각으로는 주님이 인간에게 천상의 빛만 주지 않았다면 근본적으로 보다 더 낫게 살 것이란 생각이다.

주님은 자신의 종이라고 하는 파우스

메피스토 역의 구스타프 그륀트겐스

트 박사로 대화를 돌린다. 메피스토펠레스는 이 바보가 그에게 봉사하는 정열을 비웃는다.

천상에서 그는 최상의 별을 요구하고 지상으로부터는 지고의 쾌락을 요구한다. 메피스토펠레스는 주님과 내기를 제안한다. 파우스트를 주님 곁에서 떼어낼 수 있다는 것이다. 주님은 이 제안을 받아들이고 메피스토가 결국은 패배하고서는 다음과 같이 자백하지 않을 수 없다는 것이다.

"착한 사람은 어두운 충동 속에서도 올바른 길을 잘 알고 있는 법이니라."

내기는 체결되고 주님은 나머지 사항을 메피스토에게 맡겼

서제 장면 : 파우스트와 메피스트 사이의 내기

다. 주님은 메피스토 같은 위인은 미워하지 않고 인간이 너무 쉽게 해이해지고 격려자를 필요로 하기 때문이다.

비극의 제Ⅰ부 파우스트는 밤에 자기 서재에서 인생의 의미에 대해서 골똘히 생각하고 있다. 철학, 법학, 의학과 신학도 그에게는 아무 것도 더 이상 줄 수 있는 것이 없었다.

단지 마술에서 그는 세상의 비밀을 해낼 길이 있음을 안다. 그는 노스트라다무스의 부호를 볼 때 삼라만상의 조화에 도취한다. 하지만 그는 지령의 부호로부터 더 많은 만족을 바라는 것이다. 지령은 파우스트가 자연의 영원히 창조하는 위력에 대해서 인간으로써 외소함을 느끼게 해주려고 나타낸다. 밤의 명상이 자기의 조교 바그너로 인해서 잠깐 중단한 후에 파우스트는 독백 가운데 불확실한 인간의 운명에 대한 솟구치는 질문에 관심을 기울인다. 파우스트의 절망은 커서 죽음을 구원으로 동경한다. 독이든 유리 그릇을 입에 대려는 순간 종소리와 합창소리가 부활절의 첫 번째 휴식시간을 알리는 것이다. 청소년 시절의 추억과 부활절의 부활의 기적에 압도되어서 유리 그릇을 입에서 떼고 복음에 대한 믿음은 없지만 다지로 새로이 돌아온 느낌이다.

"오 달콤한 천상의 노래여! 더 울려라!
눈물이 솟고 대지는 다시 나를 차지하네!"

조교와 함께 파우스트는 부활절 아침에 도시 성문 앞으로 산책을 나선다. 한때 어려서 페스트 전염병과 싸울 때 비호했던 사람들이 그에게 공손하게 인사한다. 지는 해를 바라다보자 그에게 새로이 형이상학적 동경이 불러 깨운다. 그는 자아인식으로 이르렀다.

"내 가슴에는 두 개의 영혼이 깃들어 있다. 하나가 다른 것에서 분리하려고 한다."

집으로 오는 길에 은밀한 검은 복슬강아지가 그의 주위를 맴돌면서 그의 서재로 쫓아 들어온다. 다시 그는 탁자 옆에 앉아서 시름에 잠기고 자기 가슴에서 어떤 만족도 솟아나지 않음을 느꼈다. 신약성경의 요한 복음을 독일어로 옮길 때 희랍어로 써진 로고스의 번역을 하기가 어렵다는 데 봉착한다.
단순히 말이란 뜻으로 번역하기가 어렵다. 그래서 그는 다음과 같은 표현을 택했다.

"처음에 행위가 있었다."

하지만 강아지는 그의 방에서 법석을 떨었다. 파우스트가 이것은 보통 짐승이 아니고 마술 공식으로 그에 주문을 외우는 사실을 알고서는 강아지는 실체를 들어낸다. 그는 파우스트에게 다음과 같이 얘기한다.

"나는 부정하는 정령이오.
　항상 말을 원하지만 항상 선을 이루는 힘의 일부요."

파우스트가 지옥도 그 법칙과 권한이 있다는 것을 알아차렸을 때 그는 그와 함께 계약을 체결할 마음의 준비가 되는 것이다. 파우스트가 잠이 깨었을 때 메피스토펠레스는 땅바닥에 별 모양 귀신을 쫓는 부호에 자신이 방해받는 것을 알고서는 사라졌다. 오래지 않아서 그는 되돌아왔다. 파우스트가 또 한번 거칠고 사나운 말로 속세의 삶의 부담과 고통에 대해 불쾌감을 토로한 후에 계약이 체결되고 파우스트 팔에서 낸 피 한 방울로 봉인되었다. 메피스토펠레스는 지상에서는 파우스트 일에 전념한다.

라이프치히의 아우어 바흐스의 유쾌한 무리들의 음탕한 지하실 술집의 장면에서 파우스트의 새로운 인생 역정이 시작된다. 메피스트는 테이블 속에 뚫린 구멍에서 포도주가 흐르게 한다. 몽롱한 상태가 절정에 이르자 파우스트와 메피스토펠레스는 이제 파우스트를 마녀의 부엌으로 끌고 간다.

파우스트는 거울에서 한 여인의 천상의 모습을 보았다. 이 여인에게 파우스트는 정열을 불태운 것이다. 마녀는 그에게 젊어지는 약을 주어야 하는 것이다. 이 마약은 개인적인 철학교수를 사랑에 빠진 젊은이로 만들어 주어야 한다.

그는 체내에 이 약과 함께 모든 부인 가운데 헬레네의 모습을 본다. 이는 메피스토펠레스가 예민하기 때문이다. 파우스트의 사랑의 동경이 비극적으로 충만되는 무지한 사람이 그레트헨이다. 파우스트는 그녀를 만나고 그녀는 참회를 하고 그녀에게 구혼을 청하는 것이다.

처음으로 사랑에 눈뜬 소녀의 감동적인 자백으로 이른다. 그녀는 본능적으로 메피스토펠레스에게서 악령을 보는 것이다. 그녀의 신앙심은 애인의 신앙에 대한 입장에 관심이 깊었고 이런 관심이 파우스트의 범신적인 신앙고백으로 제거될 수는 없다.

파우스트에게는 무죄하고 순결한 아이의 체험으로 그의 향상된 자아는 깨지는 것이다. 절망해서 그는 메피스토펠레스에게서 빠져 나오려고 하지만 그 사람 없이는 목표에 도달할 수가 없다. 그레트헨이 파우스트를 자기 방으로 들어오게 한 후에 파우스트가 준 음료를 마시고 깊은 잠에 빠진 동안에 비극의 발전을 정체하지 않는다. 그레트헨의 오빠인 발렌틴(Valentin)은 용감한 군인인데 집에서 일어난 일을 알고 있다. 죽으면서 발렌틴은 누이를 저주하고 그녀를 갈보라고 욕을 한다.

그레트헨은 헛되이 어린애를 안고서 간청을 한다. 돔에서는

◀
발렌틴 장면:
파우스트가 곰곰이 생각하고서
대검을 잡는다.
(사실적이고 중세적인 도시 모습의 무대)

별다른 일은 없지만 사악한 양심의 소리에 실신해서 쓰러진다. 파우스트는 메피스토펠레스에게서 떨어져서 발푸르기스 밤의 마녀의 대수도 원장과 블록스베르크로 데리고 왔다. 여기서 그녀는 브로켄으로 오르면서 쇠사슬이 풀린 악마의 세계의 소용돌이로 끌려들어오는 것이다. 파우스트는 멀리서 그레트헨을 닮은 창백하고 아름

그레트헨 역의 파울라 베셀리

페터 코르넬리우스의 감옥 장면

다운 아이를 봤다고 한다. 그녀에게서 피치 못할 운명이 이루어진다. 그녀의 어머니는 마약에 죽고 오빠도 죽고 그녀가 나은 아이를 익사시킨다. 이와 같이 파우스트는 감옥에서 미친 여자를 하나 찾아내는 것이다.

파우스트가 그녀를 감옥에서 구출해 내고자 하는 헛된 일이다. 그녀의 정신은 몽롱해진다.

그녀는 신의 자비를 빈다. 그녀는 파우스트까지도 두려워했다. "그녀는 처형되었다"고 메피스토펠레스는 소리치나 저 높은 데서 목소리가 한 가닥 들렸다.

"구원받았느니라!"

메피스토펠레스는 파우스트를 거기서 끌고 간다.

2) 『파우스트, II부』(*Faust*, II부, 1832)

파우스트는 아름다운 지역의 꽃핀 잔디 위에 누워 있다. 공기의 정령 아리엘은 질책의 내용을 담은 정령의 노래가 쏜 화살을 잠드는 사람의 생각에서 멀리 쫓고 그의 내면을 체험한 공포감에서 씻어 주게 한다. 잠이 깨자 파우스트는 생의 맥박이 생생하게 뛰는 것을 느낀다. 자연현상에 그는 체념하고서 말한다.

"화려한 반사광에 우리는 생을 누리고 있다."

이 말은 인식할 수 없는 형이상학적으로 영원한 것의 유한

한 현상이다. 우리는 황제의 궁으로 가고 메피스토펠레스는 궁중의 익살광대의 위치로 가는 것이다. 재상, 군수상, 재무상 등은 근본적으로 재정상태가 부족한 점을 확대한다.

지폐지출만이 필요한데 이는 나라의 광물자원으로 충당되는 것이다. 모두는 자구책을 강구했다. 우선 궁정에서 사육제가 자축되었다. 끝없는 가면무도회가 벌어졌다. 파우스트는 부의 신의 가면을 쓰고 메피스토는 인색의 가면을 쓰고 황제는 목양신으로 나타난다. 불꽃요술이 지났을 때 황제는 파우스트가 와준데 대해서 감사하다고 했다. 왜냐하면 그의 도착 이래로 계산은 다 지불되고 모든 것을 지폐로 지불하고 걱정은 사라졌기 때문이다. 황제는 이제 새로운 욕망이 있다. 그는 모든 타인의 모범상인 헬레네와 파리스 왕자를 보려고 한다. 이것은 메피스토펠레스에게는 쉬운 일은 아니다. 그는 파우스트만이 이 과제를 풀 수 있다고 제시한다. 파우스트는 이에 대처하고 놀란 황제에게 고대 희랍의 유명하고 악평 있는 인물들을 안내한다.

부인들은 파리스 왕자가 등장할 때 황홀해서 절규하고 반면에 남자들은 그에게 많은 것을 맡겨야 한다. 헬레네가 나타날 때는 반대이다. 남자의 세계는 노소를 막론하고 그녀의 미에 감탄해 마지않는다. 반면에 부인들은 여자 정부의 의심 적은 과거를 생각한다. 파우스트 자신은 헬레나의 도습에 사로잡혀서 그녀에게 손을 뻗친다.

이 순간에 폭발물이 터진다. 파우스트는 기진맥진해서 땅바닥에 누웠다. 이와 같이 메피스토펠레스는 그를 자기 방으로 데리고 들어왔다. 여기서 그는 계약을 체결하고 파우스트가 악령에게 기입해 써넣은 편이 있다. 파우스트가 자고 있는 동안 메피스토펠레스는 대학교수를 데리고 놀 마음의 준비가 되어 있다. 다시 학생이 되고 선생의 충고가 더 이상 필요 없다.

한때 파우스트 조교이기도 한 바그너 박사는 실험실에서 인조 소인을 만들었다. 인조 소인은 자연적으로 생산되는 것이 아니고 바그너가 실험해 낸 수백 가지 자료를 혼합해서 증류기에서 만든다는 것이다. 인조 소인이 플라스코에서 나오려고 했을 때 메피스토펠레스는 제때에 등장했다. 이 인조 소인은 플라스코에서 빠져 나와서 메피스토펠레스에게 좋은 충고를 주었다. 즉 그를 데리고 고전적인 희랍의 발푸르기스의 밤으로 데리고 가도록 충고를 주고 여기서 그는 치료를 할 수 있다는 것이다. 인조 소인과 메피스토펠레스는 그리로 떠난다. 잠자는 파우스트를 마술의 망또에 싸서 데리고 가고 당황한 바그너를 뒤에 남겨두었다. 파르살루스(Pharsalus) 결전장에서 씨저가 폼페이우스를 승리했었는데 전장의 기념일에 일종의 발푸르기스의 밤에 대한 고대의 전설 형태와 만나는 것이다.

파우스트는 그가 땅을 밟자 잠이 깼다. 그의 첫 번째 질문은 헬레나에 대한 질문이었다.

"그녀는 어디 있소?"

스핑크스는 그를 현자 켄타우의 치론에게 가라고 지시한다. 현자는 파우스트를 등에 메고서 여자 선지자 만토(Manto)에게로 데리고 간다. 헬레나에 도달하고자 하는 파우스트의 욕망을 이해하는 여자 선지자는 그를 헬레나를 찾아낼 저승으로 인도한다. 메피스토펠레스는 스핑크스, 요정과 괴수 사이의 고대의 요물의 화려한 색채를 겨우 분간해 냈다. 지진의 신이 뒤흔들어 그를 거의 몽롱하게 했다. 그는 드디어 어린아이 피를 마시는 여자 괴수 가운데서 하르쯔(Harz)에서 헬라스(Hellas)까지 항상 그를 돕는 사촌들이 있다는 것이다.

"더 현명해 보이지만 나는 그렇게 되지 못했어. 이곳은 모순이야. 북쪽은 모순이야."

그는 촌수가 먼 친척을 세 사람의 태고적부터 추한 포르키야에게서 찾아냈다고 믿는다. 메피스토펠레스는 포르키야스(Phorkyas)로 변하고 스스로 떨어져 나간 인조 소인인 호문쿨르스는 자연철학자 탈레스로부터 바다의 신 네러이스로 데려왔다.

그가 태어난 대로 작게 반짝이는 난쟁이가 의인화하려는 동경이 있다. 네러이스(Nereus)는 그에게 여러 가지 예술 실험을 마친 뒤에 물 속에서 시작하라고 위대한 변신의 예술인 프로터이스에게 가라고 지시한다.

조개 배를 타고 온 바다의 요정 중에 제일 예쁜 네러이스의 딸 갈라테의 발치에 인조 소인의 유리 덮개가 마치 그가 사랑의 맥박으로 감동을 받은 것처럼 박살이 났다.

그리고 그는 바다의 불빛으로 변했다. 이와 같이 모든 것을 시작한 속세적인 사랑의 매력 가운데 네 원소가 고전적인 발푸르기스 밤의 지나치게 환상적이고 바로크적인 화려한 그림의

4. 작품 내용 및 해설

종결 신화와 일치한다.

  스파르타의 메네라스왕의 궁정 앞에 헬레나가 활기차게 등장한다. 그 여자는 아티카풍의 비극에서와 같이 포위된 트로이 여인들의 합창단의 동반을 받고서 세상에서 제일 예쁜 여인으로 수심에 쌓여 있다.

  그녀가 궁정에 들어섰을 때 그녀는 너무나 추한 늙은 부인을 놀라게 했다. 이것은 포르키야스의 자태를 한 메피스토펠레스였다.

  포르키야스는 헬레나에게 경종을 울린다. 궁정의 모든 것은 그 여자에게 바칠 마음의 준비가 되었다. 단지 빨리 도피하는 것만이 도움이 될 수 있다. 포르키야스와 메피스토펠레스는 헬레나와 그 부인을 산 속의 성으로 데리고 간다. 중세의 기사복을 입고서 파우스트가 그녀들에게 등장하기로 되어 있다.

  탑지기 린서이스는 헬레나의 미에 눈이 멀어서 그들이 도착하는 것을 보고하는 것을 잊었다. 놀라서 헬레나는 도처에서 남자의 가슴을 유혹하는 것이 그 여자의 운명이라는 것을 인식해야했다. 파우스트의 구혼에 허용해 주고 새로운 주위 환경의 대화방식에 기뻐했다. 파우스트는 그 여자에게 운명으로 말하는 것을 가르쳐 준다. 전투원과 함께 들어올 멘네라스는 방어된다.

  전원의 들판에서 파우스트의 헬레나와의 결혼이 이루어진다. 이 부부에게 아들이 하나 생긴다. 소년 유포리온(Euphorion)은 합창단원과 함께 즐거운 놀이도 하고 윤무도 한다. 그러나 행복은 오래가지 않는다. 두 번째 아들인 유포리온은 항상 보다 높이 오르려고 하고 날으려 한다. 결국은 양친의 발에 쓰러져 죽는다.

그는 어머니를 그림자의 나라로 끌어당긴다. 행복과 미는 지속적으로 오래가지 않는 법이다. 파우스트는 단지 헬레나의 옷과 베일을 탑에 잡았다. 헬레나 막의 전 고대세계는 가라앉고 포리키야스도 다시 메피스토펠레스로 변한다.

그는 전 사건의 은밀한 조정자이다. 고산에서 우리는 파우스트를 다시 만난다. 구름 위에서 그는 다시 한번 희랍의 부인의 미의 이념상을 보았다고 믿었다. 이 이념상들은 그에게 깜짝할 사이 지난날의 위대한 의미를 반영해 준다. 하지만 동시에 과거의 상이 그의 내면의 최상의 것을 이끌어 간다. 그는 새로운 행위와 담대한 근면에 대한 새로운 힘을 느낀다.

"행위는 모든 것이고
명예는 아무것도 아니다."

그는 바다에서 육지를 획득하려고 든다. 메피스토펠레스는 거기에 대한 기회를 포착한다. 황제는 반란으로 어려움에 처했다. 그는 결전장에 임했다. 파우스트는 보상으로 황제로부터 끝없는 해안을 봉토로 받아들이도록 간청해야 하는 것이다.

황제의 천막이 처진 곳에서부터 파우스트와 메피스토는 전투를 예견하고 황제에게 도와달라고 한다. 스스로 자조하려고 했던 황제는 곤궁에 처하게 되고 도움을 받아들이지 않으면 안 되었다. 사탄의 기교로 쟁취된 승리는 감춰지지 않는다. 대주교는 전투가 기선을 잡았던 구릉지는 교회 소유토 돌아가고 파우스트에게 주었던 제국의 해안가도 교회에 증정되었다.

악마의 마술의 죄로 부담을 느낀 황제는 교회의 뜻에 따르지 않을 수 없었다. 새로이 얻은 땅에 궁정을 건설함으로써 파우스트의 마지막 종착지가 이루어진 것이다. 그의 만족을 모르는 정신에는 항상 새로운 사업계획이 떠올랐다. 우선 그는 구릉지를 자기 것으로 합병하고 싶었다. 언덕에는 초라한 오두막에 늙은 부부가 살았는데 메피스토펠레스가 불태우고 이들은 망하고 만다.

네 부정적 요소인 결핍, 근심, 죄와 고난이 파우스트에게 다가오지만 그에게 침투는 못한다. 단지 근심만이 열쇠 구멍으로 기어 들어온다. 그 입김이 파우스트에게 씌어져서 눈이 먼다.

"인간은 전 생애에 있어서 눈이 먼다.
파우스트여! 당신도 종국에는!"

수없는 계획이 쉬지 않는 자의 정신을 채운다. 그는 구름과 바다 사이에 수백만을 위해서 생활영역을 채우고 싶어한다.

"그런 존중을 나는 보고 싶다.
자유스런 땅 위에 자유스런 사람들과 함께.
그가 말해도 좋은 순간이리라. 멈춰 섰거라, 너 참 아름답다!
나의 속세에서의 나날의 흔적이 영원으로 몰락하지는 않으리."

그의 생은 이런 욕망으로 채워졌고 그는 죽는다. 메피스토펠레스는 겉으로 보아서는 자기가 체결한 내기에서 이긴 것같이 보인다. 그는 유효의 도움으로 장례를 준비한다. 환상적인 주문으로 그는 악마를 나타나게 하고 파우스트를 삼킬 지옥의 문을 열게 한다. 하지만 아래로 너울거리는 천사들은 이 전체 공간을 수용하고 메피스토텔레스를 몽롱하게 해서 건달 깡패가 그를 욕심나게 하고 그에게서 파우스트의 불멸의 정신을 빼앗아 간다. 메피스토펠레스는 단념하고서 다음과 같이 고백하지 않을 수 없었다.

"너는 옛날에 기만당했다. 큰 패배가 굴욕적으로 이루어졌다."

성스러운 은자 등이 산 위에 흩어져 협곡에 안주해서 파우스트의 불멸의 영혼을 갖고 떠오르는 천사에게 인사한다.

"항상 최선을 다 하는 자를
우리는 구원할 수 있다."

이때 성모가 나타난다. 성서의 3대 참회녀들이 그레트헨을 위해서 간청한다.

"오너라! 그가 너를 알아보면 너는 보다 고차원의 영역으로 끌어올려지리라."

이것이 성모의 대답이다. 모든 속세적인 것의 허무한 것을 시사한 신비의 합창은 다음과 같이 노래하며 작품을 끝맺는다.

"필설로 다 그릴 수 없는 것이 여기에서 이루어졌다. 영원히 여성적인 것이 우리를 끌어올린다."

서기 요한이 받아쓰고 있는 작업실에서의 괴테
(1829/1831에 J. J. 슈멜러의 유화)

5

문학적 평가

(1) 체험의 문학을 이루고

　괴테의 문학 그것은 종교도 철학도 아니고 단순한 전통적인 것을 전수하는 문학도 아니다. 그것은 순수한 몸소 체험의 기록이고 체험의 문학이다. 그의 문학은 한쪽으로 기울거나 불안정한 것이 아니고 좌정하고 있기에 혹자는 그의 문학을 양극성의 것이라고도 한다. 이는 이원적인 원점을 듣리하는 것이 아니라 어디나 깃들어 있고 비추면서도 단정되지 않는 사상에 기원을 찾을 수가 있다. 이것은 클레텐베르크에게 감화를 받은 범신사상이다. 예나에서 에커만은 괴테의 이탈리아 여행 시절의 편지를 읽는다.

　　"하나의 위대한 생활의 신선한 공기가 거기에서 불어온다.(…) 나에게 만약 그 모든 것의 절반이라도 볼 수 있다면 나에게는 충분했을 것이다. 그럴수록 나는 삶에로의 심한 갈증을 느꼈다."

괴테는 거의 모든 작품을 체험으로 쓰고 있다. 하나의 동화를 예를 들어본다. 『신멜루지네』라는 그의 동화는 어린 아이 때부터 그의 마음에 있었던 것인데 그것이 이 책의 중심이 되어 있다.

그는 그것을 이미 세센하임에서 아가씨들에게 들려준 일이 있다. 그 당시 거기에는 아마 숨겨진 의미가 있었을 것이다. 멜루지네는 물고기의 꼬리를 가진 물의 요정이 아니라 해도 그녀에 의해 난쟁이의 집안에 갇혀 있는 것은 그의 악몽이다. 이것은 마치 라이프치히에서 그를 괴롭힌 결혼 공포증의 경우와 마찬가지다.

그는 수개월 이래로 아카데미의 내부에서 일어난 전혀 다른 논쟁을 좇고 있었다. 즉 연체동물, 물고기의 조직에 관한 것이기 때문이다. 괴테도 흥분하고 있었다. 이들 전문적 논쟁 배후에 그에게는 자기의 자연 이론의 근본 문제가 들어 있었던 것이다. 죠프레와 상티레르는 자연철학의 입장을 대표하고 퀴비에는 오히려 분석적 연구 편이었다. 이 과학논쟁은 센세이셔널한 사건이 되었다. 괴테는 죠프레와의 연구 편으로 조화와 모든 유기적인 것의 통일성을 저지하고 있었다. 그는 모든 또 깊이가 갖는 활동과 그 경탄할 만한 유용성을 보고 있었던 것이다.

"어떠한 존재도 무로 돌아감이 없다!"

이와 같이 괴테는 그의 시인 「유언」에다 적었다.

"영원한 것은 모든 것 속에서 계속 활동한다. 존재를 믿고 몸을 보양하는 것을 기뻐하라!"

여기에서도 그는 다시 한번 자기의 전 생애를 짧은 지구 속에 두루 돌아보고는 마지막에 미래의 세대에 향해 말한다.

"고귀한 혼을 예감하는 일이야말로 소망할 수 있는 가장 가치 있는 사명이다."

이 경우 그는 마치 연극의 대사 읽기에서처럼 말하자면 손짓을 해가면서 어느 정도 해당하는 형용사에 억양을 붙였던 것이다.
괴테는 『시와 진실』에서 이르기를 체험이 없이는 한 줄도 쓸 수가 없었다고 밝히고 있다.

(2) 진지한 예술인으로

괴테는 에커만에게 『예술과 고대』란 잡지를 위한 색인을 만들게 할 것을 결정했다. 에커만은 무슨 일에 대해서도 구별하지 않고 감격했다.

"그는 마치 개미처럼 나의 시를 하나 또 하나씩 끌어당깁니다."

5. 문학적 평가

그가 없을 때에는 괴테는 위대한 마술사였고 요술을 좋아하기도 했다. 손자인 뷜프렌과 발터와 함께 그는 자주 기꺼이 요술을 부렸던 것이다. 마리안네는 프랑크푸르트에서 요술상자를 마련해 주었다. 요술 놀이가 괴테의 유토피아인 것이다. 헤르만 헷세가 다름 아닌 괴테의 『편력시대』에서 출발해서 이것을 본떠 시도한 『유리알 유희』이다.

리이머는 『괴테와의 대화』를 생생하게 추억하면서 그 점에 대해 이렇게 말하고 있다.

"철저하게 교육열이 강한 독일인들은 괴테의 교육주의 유토피아에 일종의 지방교육원을 위한 실질적인 제안을 내보려고 했다. 또한 이 작품에는 예술가에 대한 관계가 투시되어 있고 또 충만되어 있는 것이다. 그러므로 예술가는 작업 중 경쾌한 유머를 갖고 자기 자신의 표현을 즐길 수 있었던 것이다."

이런 방식으로써만 우리도 어느 정도의 유머를 갖고 자기 자신의 표현을 즐길 수 있는 것이다. 한때 『연극적 사명』의 연극은 이곳 생도들에게는 금지된다.

"연극이라는 것은 한가한 대중, 아마 오합지졸까지를 전제로 할 것이다. 그러한 자들은 우리가 있는 곳에서 찾아볼 수 없습니다."

즉 교장의 이 같은 발언은, 연극은 기만인 것이며 이 교육계의 진지한 목적하고는 맞지 않는다는 것이다. 세계 미술에 대해 괴테가 가지고 있었던 이미지를 편협하다고 비난하는 것은 당치 않다. 오히려 괴테 자신이 몸소 일상의 것을 실현하는 것으로 중시했다. 괴테가 자기의 시작을 위해서 원했던 것과는 전혀 다른 노래에 있어서 그의 서정시는 가장 큰 축제의 영향력을 발휘했다. 가곡은 프랑스에서도 알려진 형식으로 되고 프랑스에서는 서정시가 이것에 의해서 새로운 음조를 얻을 정도였다.

음악에 대한 괴테의 단계는 시인으로서의 것이었다. 말이 그에게는 중요한 것이며 작곡가는 다만 신중하게 반주해 주기만 하면 좋다는 것이었다. 작품 제19번 「마부, 크로노스에게」를 괴테에게 보낸 슈베르트도 존경받지 못하고 괴테보다 먼저 숨을 거뒀다. 그는 괴테의 모든 노래 가운데서 가장 많은 아름다운 작곡집을 남겼지만 이것들은 바이마르에서는 한 번도 듣지 못했다. 음악은 괴테에게 있어서는 경쾌하지 않으면 안 되었다. 그는 자기 집에서도 가정음악회를 열었다. 그에게는 마음에 들었고 작업중 옆방에서 연주한 4중주가 시정을 북돋았던 것이다. 모차르트에 대한 그의 찬미는 모차르트라는 천재에 대해서 향해진 것이지 음악가 모차르트에게는 절대로 아니다.

『마적』에 의한 인기가 전세계를 압도했다고 하는 것으로 이 천재를 찬양했던 괴테는 이 작품에 제2부를 만들어 그 속편을 쓰려고 생각했지만 그것은 쉬카네더의 대본 『마적』이었던 것이지 모차르트의 음악에 대한 것은 아니었다.

『파우스트』 제Ⅱ부에서 오페라풍인데 이 시도에 의거하고 있다. 괴테는 대본에서 어느 장면이 바뀌는데서 이렇게 쓰고 있다.

"극장은 혼돈으로 옮겨지고 거기에서 왕의 홀이 전개한다."

이러한 것은 『파우스트』의 여러 가지 부분에도 무대지시로서 충분히 통할 수 있는 것이다. 하이네는 그것을 나중에 '예술시대'라고 부르고 있다. 즉 괴테의 시대인 것이다. 그리고 괴테는 죽기 직전에 쓴 훔볼트에게 보낸 편지에서 자기가 지금 막 완성한 작품 『파우스트』에 대해서 다음과 같이 기록하고 있다.

"해변가에 부딪혀 마치 난파선처럼 산산조각이 나누어 있고 시간의 모래사장에 의해 당분간은 매몰되어 버릴 것이다."

(3) 독일 문학 상승의 초석이 되어

괴테는 마지막 10년에는 칼 아우구스트공이 제공한 프라운푸란에 있는 큰집에 상주하였다. 괴팅겐 대학생인 젊은 하인리히 하이네도 알현이 허락되었다. 그는 하르쯔의 도보여행에서 돌아오는 길에 녹색 배낭을 등에 지고 그 여행기를 쓰려고 했다.

"지금 무엇을 쓰고 있지요?" 괴테는 그에게 말한다.
"『파우스트』를 한번 쓰려고 합니다."
"그 밖에 바이마르에서 할 일은 없나요?" 괴테는 물어본다.
"내 발로 각하의 방에 들어선 이상 바이마르에서의 내 할 일은 전부 끝냈습니다."

이렇게 외람되게 말하고 하이네는 작별을 고했다. 이미 35세로 유명해진 그릴파르쩌는 마치 알현을 베푸는 독재 군주에 의해 접대되는 그런 느낌이 들었다.

"나의 자존심이 상했다는 것은 아니다. 반대로 괴테는 내가 예상하고 있던 이상으로 상냥하게 신경을 써서 나를 대접해 주었다. 그러나 나의 청춘의 이상인 『파우스트』, 『클라비고』, 『에그몬트』의 시인을 손님에게 정중하게 차를 전하는 딱딱한 장관으로써 눈앞에 뵌다는 것은 환멸 그것이었다. 만약 그가 나에게 무례한 말을 하면서 나를 문 밖으로 내동댕이쳤다면 그것이 차라리 더 호감이 갔을 것이다."

겁을 먹은 그릴파르쩌는 완전히 압도 되어버려 다시 한번 와 달라는 초대를 사양했을 정도이다. 이 초대에 응했더라면 그는 아마 흰 플란넬 저고리를 입고 있는 개방적인 괴테를 만났을지도 모른다.

(4) 세계 문학으로 발돋움하고서

서간체 소설 『젊은 베르테르의 슬픔』의 세계적 성공으로 모든 방문객은 시인이 이야기한 것을 전부 적어 두었다. 독일 문학에 대해서 똘스토이는 그다지 높이 평가하지 않았다. 기껏해야 베르톨트 등 아우어 바하의 『마을 이야기』를 국민 교육적인 읽을거리라고 평가하고 있었고 괴테에게서는 『헤르만과 도로테아』를 같은 이유에서 평가하고 있었던 것이다.

　나중에 그는 괴테를 전혀 상대하지 않았다. 왕자 교육관인 소레는 괴테에게 깊이 사숙하고 있었지만 그 아름다운 시인에 대한 축사 가운데 괴테의 만년에 있어서의 바이마르 국내에서 일어나고 있었던 여러 가지 변화를 묘사하고 있었다.

　괴테는 본질적인 것을 이미 이탈리아에서 귀국할 때 단호하게 아우구스트공에게 쓰고 있다.

　　"제발 저를 손님으로 받아주시고 당신 곁에서 내가 나의 생존의 전량을 충족시킬 수 있게 해주십시오!"

　그가 이미 기계적이라고 부르고 있었던 것은 모두 후퇴하고 괴테는 다만 시인, 저술가 그리고 멀리에까지 영향을 미치는 인격자일 뿐이다. 그는 세계문학이라는 개념을 확립하고 그것을 보급시켰다.

　독일인에게서 괴테란 인물은 역사적 사건으로 되었다. 세계문학은 괴테에게는 단지 그의 단념의 요청일 뿐만 아니라 그의 성질을 촉진하는 생활 경험이었던 것이다. 다만 문헌학적 추적 작업은 순전히 괴테의 작품에서 가려낼 수 있는 것이다. 시와 『편력시대』에도, 『파우스트』 제Ⅱ부에도 그것은 있고 그의 최종 결정판의 구분에 따라 다른 것과 마찬가지로 전적으로 그의 작품 속에서 확인되는 것이다.

　영국에는 오랫동안 독일문학에 대해서는 전혀 알려지지 않았다. 괴테를 부도덕하고 비종교적인 자로 보고 그의 작품 속에 있는 깊은 내용을 못보고 있었던 것이다. 콜리지나 워즈워스도 괴테를 계속 부인하고 있었다. 발푸르기스의 밤에서 두 세 장면을 번역한 셸리가 괴테에게 유일한 사람이었다. 그것도 무신론자 괴테에게 감격한 때문이라는 것이 적지 않게 작용했다.

칼라일은 자신의 『빌헬름 마이스터』 번역을 내면서 정평 있는 여러 잡지에 나온 자기 논문도 첨부하려고 했기 때문이다. 그는 공손하게 자기를 거장의 제자 아니 더 나아가 정신적인 아버지의 아들이라고도 불렀다. 괴테를 통해서 그는 암흑에서 광명으로 구원을 받았다고 말하는 것이었다. 그는 나중에 이것은 개종이라고 했다. 칼라일은 괴테를 알고 난 이래로 다른 성자들의 이름을 달력에서 지워 버렸다는 것이다.

바이마르는 저명인사들의 체제지로 각광을 받고 있었다. 쾌적한 사교생활지였다. 젊은 영국인들에게는 그곳이 있기에 편했다. 괴테는 감탄을 하면서 말하고 있다.

"혈통 때문인지 토질 때문인지 그렇지 않으면 자유로운 헌법, 건전한 교육에 의한 것일까?"

이렇게 그는 에커만에게 말하고 있다. 칼라일은 괴테의 아들 아우구스트가 죽었을 때 거장에게 쓰고 있다.

"각하가 세계도처에 형제와 진리를 찾고 정신의 청명함과 아름다움을 찾는 모든 곳에서"라고 하고 괴테 자신에게는 부정에 대처할 수 있는 영원한 궁정으로 보였다. 그는 개개 작품의 명성을 처음 알린 사랑이라는 것이 아니라 괴테를 초극자, 승리자, 영웅으로 세계에 알린 것이다.

칼라일은 오늘날 작용하고 있는 하나의 괴테상을 창조했다. 그는 "우리의 교회, 우리의 원로원, 우리의 사회 헌법"이라고 했다.

그는 이 문학의 힘이 시간이 흘러가는 사이에 전쟁까지도 불가능하게 만들 것이라고 희망했다. 그의 문학적 정치적 신앙 고백은 이렇다.

> "참으로 보편적인 관용에 가장 확실하게 도달할 수 있는 것은 우리가 개개인 또는 개개 국민의 특수성을 그대로 용인하는 경우이며 이때 사람들은 찬양받아야 하는 일이 전인류의 것이라는 확신을 견지하는 일이다."

(5) 작가로서 인간 괴테

1832년 3월 22일, 팔걸이 의자에 새털 이불을 무릎 위에 덮고 초록색 작업모로 눈을 가리고 괴테는 임종을 맞았다. 죽음에 앞서 종종 어느 정도 간격을 두고 다가오는 고통과 초조는 지나갔고 그는 이상 더 고통을 겪지 않고 견뎌냈다. 그의 질문에 22일이란 날짜를 대니까 그는 봄이 시작됐다고 하고는 나을 수 있다고 대답했다. 그리고 나서 그는 손을 들고 허공에 무슨 표시를 했다. 손을 옆으로 움직이고 보다 깊숙이 내려뜨렸다. 그의 팔은 아래로 늘어진 채 이불 위에 누워 있었고 거기서 그는 더 글을 썼다. 보이는 대로 반복해서 약도를 그렸던 것이고 그가 정확한 구두점을 찍었고 하나하나 또 다른 활자를 인식한다고 믿었다. 그리고 나서 손가락은 파래지기 시작했다. 손가락은 정지됐고 그의 눈에서 차일 판을 치웠을 때 손가락은 이미 부러졌다. 괴테는 글을 쓰면서 죽었다. 그는 마지막 의식이 희미해지는 꿈속에서 자신의 손으로 그의 아름답고 맑고 순수한 글씨체로 혹은 받아쓰게 하면서 일평생 했던 대로 했다.

그에게 아마도 종국적인 사상과 체험의 삶을 개척했고 지고의 가치가 있는 인식으로 나타난 마지막 사상과 체험의 삶을 루넨 글자로 써넣었다. 에미슨은 『파우스트』의 제Ⅱ부의 헬레나 장에서 줄거리에 놀라운 지성이 있다고 했고 이 사람의 이해설은 대단해서 과거와 현재의 세계와 그들의 종교, 정치와 사고 유형을 그 안에 용해시키는 것이다. 괴테는 66세 때 쓰기를 역사를 올바로 인식한 사람은 정신의 육체화와 육체의 정신화도 순간에 깃드는 것이 아니고 항상 예언자, 교단원 작가, 연설가, 예술가와 항상 왕래한 사실이 분명해진다.

청년 괴테에게서 영원한 생의 노래가 생겨 나오고 노년기에는 『빌헬름 마이스터의 수련기와 방랑기』나 대담한 『친화력』의 간통소설의 소설가와 분리하기 위해서다. 작가로서 괴테의 길은 그의 외적인 인생경로이고 고유한 특징을 저시한다. 정신사의 이야기는 『괴쯔』와 『베르테르』로 시작한다. 괴쯔가 야기한 민속적인 효과의 겸허하고 알맞는 표시이다. 『베르테르』에 관한 이 젊은 작가의 소질이 초기 작품의 효과에 완전한 기피적인 특성에 있어서 눈에 띈다.

괴테는 초기의 명성을 다시 찾지 못했다. 『괴쯔』의 대중적인 열광의 성과를 다시 내지 못하고 또한 『헤르만과 도로테아』의 성과에 대한 영광도 다시 체험해 보지 못했다. 괴테는 인기 같은 것은 신경을 쓰지 않았다. 그는 그런 취향에 별로 관심이 없었다.

괴테가 착한 에커만에게 자기의 창작은 인기가 있을 수 없다고 설명했을 때 에커만이 서글퍼한 것을 기억한다. 괴테는 『파우스트』의 Ⅰ부작이 끝났을 때도 인기 같은 것에는 신경 쓰지 않았다. 괴테는 주장하기를 실러는 자기보다 귀족정체론자이며, 귀족성은 예술적인 것인데 이 예술성은 그의 의도와 과제의 친숙함과 내면성 가운데 근거하고 있고 운명상 결정적이라고 했다. 민중 선동가 실러는 인기 있는 효과에 대한 풍자를 알고 있다는 것이다.

괴테가 『헤르만과 도로테아』에서 변용시킨 인문주의적이고 독일적이며 시민적인 요소는 그의 민속적인 가능성을 밀쳐낸 독일적인 것으로의 접근을 나타낸다. 이 말은 그의 교육학적인 의지가 그리로 향했고 사실상 그의 자연은 독일적인 것과 지중해식 고전적 요소, 민족적인 것과 유럽적인 것, 그리고 이러한 결합은 근본에 있어서 천재적인 것과 이성 충만한 것 사이에서와 같이 비밀과 천명함, 저음과 갈고 닦인 말, 서정시와 심리학의 합일과 같다.

괴테가 위대한 것은 악마에 신들린 상태와 도회적인 세련됨을 지선 가운데 결합시킨 점이다.

또 한번 그의 의식적인 경향, 그의 국민 교육적인 의지가 무와 민속적인 것 이외에는 아무것도 아닌 것으로 지향했다. 이

점에 있어서 완전히 그의 제자와 합일하는 니체와 아주 비슷하게 그는 이교도의 일관적인 것에 호기심을 일으키는 이국적인 것으로 관찰한다. 그의 『에다』 세계에 대한 부정적인 관계는 여기에 대한 예이다.

루터의 성서에 대한 괴테의 문학적인 관심은 그의 훗날에까지 지니고 있다는 것을 알고 있다.

독일의 공공성의 냉엄함은 괴테의 예술비평이 『이피게니에』와 『타쏘』에 걸쳐 취한 고전적인 전환으로 생겨났는데 완벽하다. 왜냐하면 고전적인 형태와 창작상의 친숙함과 형성된 것의 담대성은 느껴지지 않았기 때문이다.

괴테는 실토하기를 내가 시적인 계획과 시도했던 것에 대해서 누구와도 얘기한다는 것은 나의 천성에 어긋난다. 나는 모든 것을 조용히 마음속에 지녔고 아무도 이 작품이 완성될 때까지 아무런 규칙도 체험하지 못했다.

작가만이 그가 이런 매력을 자기의 대상 가운데 줄 수 있다는 것을 알고 있다. 그러므로 무엇을 쓰려고 한다면 아무에게도 물어서는 안 된다. 이 비밀에 찬 매력은 작품이 단편으로 남아 있을 경우 「아킬레이스의 노래」의 경우에서와 같이 전혀 단정할 수 없다. 그리고 아무도 여기에 착상하지 못할 것이다. 당면한 노래가 묘사하고 있는 르네상스 부조를 관찰하면 괴테가 원래 이 호머의 고풍화하는 계획에 무엇을 추진했는지를 추측할 수 있다. 괴테는 어느 날 추론하기를 전체 이념이어야 할 요점은 아킬이 죽어야 한다는 사실을 알고 있다. 항상 괴테가 생산적으로 만든 것은 시적이고 친숙한 것이었다.

괴테가 「아킬레이스의 노래」에서 장편을 만드는 일보다 특징적인 것은 없고 6운각 대신 심리적인 산문을 썼다. 그리고 또 다른 장편을 계획했는데 이 장편의 불이행이 이러한 예술의 형태의 이야기에는 영원한 방향제시를 의미한다.

프랑스 혁명, 피히테의 철학과 그리고 『빌헬름 마이스터』가 이 시기의 3대 사건이었다. 노년기의 고립과 결빙, 이것이 그의 마음을 뒤흔들어 놓은 현상이다. 왜냐하면 이러한 현상은 합법적이기 때문이다. 그는 이 점을 잘 알고『서동시집』에서 언급하고 있다.

"그들은 내가 모든 사람에게 인사케 한다.
그리고 죽을 때까지 사랑으로 감싼다."

연보 및 연구 자료

1. 작가 연보

1749년	8월 28일, 프랑크푸르트 암 마인에서 궁정 평의원 요한 카스파 폰 괴테와 시장의 딸 카타리나 엘리자베트 사이에서 태어남.
1763년(14세)	괴테는 연상의 소녀 그레트헨을 사랑하게 됨.
1765년(16세)	부친의 뜻에 따라 법률 공부하러 라이프치히 대학에 유학.
1770년(21세)	1770년 3월부터 1771년 여름 사이에 슈트라스부르크에 체류, 프리데리케 브리온을 알게 됨. 법률 득업 자격 취득.
1772년(23세)	부친의 권유로 베츨라르 고등법원에 견습, 샤를롯데를 사랑함.
1775년(26세)	릴리 셰네만과 봄에 약혼했다가 가을에 파혼, 5월에서 7월까지 스위스 여행. 11월, 칼 아우구스트공의 초빙으로 바이마르 도착.
1776년(27세)	추밀원의 일원으로 임명됨. 샤를롯데 폰 슈타인 부인을 알게 됨. 일메나무 채광에 착수.
1777년(28세)	누이동생 코르넬리아 사망. 11월에서 12월까지 하르쯔 여행
1778년(29세)	이 해 5월 베를린 방문.
1779년(30세)	9월부터 다음해 1월까지 바이마르공과 2차 스위스 여행.
1782년(33세)	황제로부터 귀족으로 추대됨.
1783년(34세)	2차 하르쯔 여행.

1784년(35세)	해부학 연구, 악간골 발견
1788년(39세)	크리스티아네 불피우스를 알게 됨.
	4월말 로마를 떠나 스위스를 거쳐 6월에 바이마르로 귀착. 정무를 그만두고 학예와 광산 감독에 임함.
1790년(41세)	해부학, 식물학, 광학 등의 자연과학 연구.
1791년(42세)	궁정 극장의 감독을 맡음.
1792년(43세)	8월에서 11월까지 프랑스 원정.
1793년(44세)	5월부터 마인쯔 포위군에 종군.
1794년(45세)	식물의 원형에 대하여 실러와 이야기하고 친교를 맺게 됨.
1797년(48세)	7월부터 11월까지 남부독일과 스위스 여행.
1805년(56세)	신장염을 계속 앓음
1806년(57세)	크리스티아네 불피우스와 정식 결혼.
1812년(63세)	오스트리아 여황제 마리아 루도비카와 베토벤을 만남.
1814년(65세)	마인강과 라인강 유역 여행.
1816년(67세)	부인 크리스티네 사망
1817년(68세)	아들 아우구스트가 오틸리에와 결혼, 바이런과 인도문학 연구
1823년(74세)	6월부터 9월까지 보헤미아 체류, 에커만 처음 내방, 마리엔바트 피서지에서 울리케 소녀를 알게 됨.
1830년(81세)	아들 아우구스트 로마에서 사망. 괴테 각혈.
1831년(82세)	일메나우에서 마지막 탄생일을 축하함.
1832년(83세)	3월 14일, 최후의 마차 산보. 3월 16일 감기에 걸려 3월 22일 별세, 3월 26일 칼 아우구스트 공가에 묻힘.

2. 작품연보

1765년	『아테네 시집』, 『연인의 변덕』
1773년	『괴쯔』의 간행, 시 「마호메트」, 「프로메타이스」를 『프랑크푸르트 학예보도』에 기고.
1774년	2월 『젊은 베르테르의 슬픔』 간행. 『클라비고』, 『에그몬트』

	집필 개시.
1775년	『초고 파우스트』와 『에그몬트』 집필 개시.
1776년	『오누이』 등을 씀.
1777년	『마이스터의 연구적 사명』 집필.
1778년	「달에 부쳐」를 집필 개시.
1779년	3월말 『이피기니에』 산문극 완성.
1786년	9월부터 『이피기니에』, 사극 『에그몬트』, 『타쏘』 집필.
1793년	『라이네케 푹스』, 『시민장군』 집필.
1794년	『마이스터의 수업시대』 개작.
1795년	실러와 『크제니언』 공작을 시작함. 『호렌』, 「독일망명지의 담화」, 「메르헨」, 「미뇽의 시」를 씀.
1796년	『헤르만과 도로테아』를 쓰기 시작.
1797년	6월 『파우스트』의 테마를 씀. 『헤르만과 드로테아』 완성.
1799년	『서출의 딸』 집필.
1803년	『첼리니 전』 완성.
1804년	『빙켈만』 집필.
1806년	『파우스트』 제Ⅰ부 완성.
1807년	『판도라』 집필.
1808년	『파우스트』 제Ⅰ부 발표.
1809년	『친화력』, 자서전 집필 개시.
1810년	『색채론』 집필.
1811년	『나의 생애에서』와 『시와 진실』 제Ⅰ권 집필.
1812년	『시와 진실』 제Ⅱ권 간행.
1814년	『에피메니데스의 각성』을 지음. 『서동시집』을 짓기 시작함. 『시와 진실』 제Ⅲ권 완성.
1816년	『예술과 고대』 제Ⅰ호, 『이탈리아 기행』 제Ⅰ부 간행.
1817년	『이탈리아 기행』 제Ⅱ부, 「자연 과학에 대하여. 특히 형태학에 대하여」
1819년	『서동시집』 간행.
1820년	『편력시대』 집필.
1821년	『시와 진실』 제Ⅳ권 나옴. 『편력시대』 제Ⅰ부 나옴. 『온순한

	크제니엔』 속고.
1823년	『마리엔바트의 비가』를 지음.
1825년	『파우스트』 제Ⅱ부 다시 쓰기 시작.
1826년	전집 결정판 1831년까지 40권, 1833년부터 42권까지 20권 증보.
1828년	「실러와의 서간문」 출간.
1830년	『시와 진실』 제Ⅳ권 착수. 전집 완성.
1831년	『파우스트』 제Ⅱ부를 완성하고 이를 봉인, 사후에 발표할 것을 희망하는 유서 남김.

3. 연구자료

(1) 1차 자료(작품집)

Sämtliche Werke in 40 Bänden. Vollständige, neugeordnete Ausgabe. 40 Bde. und Registerband. Stuttgart, Tübingen 1840.

Werke, Welt-Goethe-Ausgabe. Hg. von Anton Kippenberg, Julius Peterson und Hans Wahl. Bd. 1:5-7, 12, 13, 16, 22, Leipzig (Insel-Verlag) 1932-1940.

Gesamtausgabe der Werke, Briefe und Gespräche, Hg-von Ernst Beutler, 24 Bde. und 2 Ergänzungsbände, Zurück (Artemis) 1948-1964.

(2) 2차 문헌

Der junge Goethe, Neue Ausgabe in sechs Bänden besorgt von Max Morris. Leipzig (Insel-Verlag) 1909-1912.

Die Schriften zur Naturwissenschaft vollständig mit Erläuterungen versehene Ausgabe hg. im Auftrage der Deutsehen Akadmie der Naturforscher zu Halle von Rupprecht Matthai, Gründen Schmidt, Wilhelm Troll und K. Lothar Wolf. Weimar (Böhlau) 1947 ff.

Gedichte. mit Erl. von Emil Staiger. 3 Bde. Zürich (Manesse-Verlag) 1949. Manesel-Bibliothek der Weltliteratur.

(3) 참고문헌(잡지)

Jahrbuch der Goethe-Gesellschaft. Bd. 1-21 u. Risterband. Weimar 1914-1936.
Goethe-Jahrbuch, Anuario Goethe, Jg. 1-7 Buenos Aires 1949-1955.

(4) 참고문헌(기타)

Viehoff, Heinrich : *Goethes Leben*, 4Bde. Stuttgart. 1847-1854-5. Aufl. m.d. Untertitel : Geistesentwicklung und Werke 1887.
Wirtkop, Philipp. *Goethe, Leben und Werke.* Stuttgart 1931. IX. S. 496.
Viëtor, Karl : *Goethe, Dichtung, Wissenschaft, Weltlild*, Bern, 1949. S. 600.
Staiger, Emil : *Goethe*, 3Bde. Zürich 1952-1959.
Mayer, Hans : *Goethe : Ein Versuch über den Erfolg*, Frankfurt 1974.
Schrimpe, Hans- Joachim : *Goethe, Spätzeit, Altersstil, Zeitkritik.* Pfullingen 1996.
Hildebrandt, Kurt : *Goethe, Seine Weltweisheit in Gesamtwerk.* Leipzig 1941, S. 589.
Eckermann, Joachim Peter : *Gespräche mit Goethe in den letzten Jahren seines Lebens 1823-1832.* Kommentierte Ausgabe, Hg. von Eduard Castle, 3Bde, Berlin 1916-Neu hg. von Heinrich Hubert, Houben, Leipzig 1925, Aufl. Wiesbaden 1959-Neu hg. von Friz Bergemann, Wiesbaden 1955.
Geiger, Ludwig : *Goethe und die Seinen. Quellenmäßige Darstellugen über Goethes Haus.* Leipzig 1908, S. 388.
Strich, Friz : *Goethe und die Weltliteratur*, Bern 1946. S. 408.
Walter, Johannes : *Die Natur in Goethes Weltbild.* Leipzig 1932. S. 104.
Wiese, Benno von : *Goethe und Schiller im wechselseitigen Vorurteil.* Köln-Opladen 1967.
Sengle, Friedrich : *Goethes Verhältnis zum Drama.* Die theoretischen Bemerkungen im Zusammenhang mit seinem dramtischen Schaffen, Berlin 1937. S. 131.
Friedrich, Theodor, und Lothar, Johannes Scheithauer : *Kommentar zu Goethes Faust,* mit einem Faust-Wörterbuch und einer Faust-Bibliographie Stuttgart 1959. S. 407.
Jahn, Kurt : *Goethes Dichtung und Wahrheit*, Vorgeschichte-Entstehung-Kritik-Analyse Halle, 1908. VII. S. 382.